KB056680

바보야,
평가가 아니라
성과 관리야!

바보야, 평가가 아니라
성과 관리야!

초판 1쇄 발행 2024년 9월 1일

지 은 이 홍석환
발 행 인 권선복
편   집 권보송
디 자 인 김소영
전 자 책 서보미
전 자 책 권보송
발 행 처 도서출판 행복에너지
출판등록 제315-2011-000035호
주   소 (07679) 서울특별시 강서구 화곡로 232
전   화 0505-666-5555
팩   스 0303-0799-1560
홈페이지 www.happybook.or.kr
이 메 일 ksbdata@daum.net

값 20,000원
ISBN 979-11-93607-50-3 (13320)

도서출판 행복에너지는 독자 여러분의 아이디어와 원고 투고를 기다립니다. 책으로 만들기를 원하는 콘텐츠가 있으신 분은 이메일이나 홈페이지를 통해 간단한 기획서와 기획의도, 연락처 등을 보내주십시오. 행복에너지의 문은 언제나 활짝 열려 있습니다.

바보야,
평가가 아니라 성과 관리야!

조직을 한 단계 '업' 시키는 성과 관리의 비법

홍석환 지음

도서
출판 행복에너지

기업은 친목 단체가 아니다. 지속 성장하기 위해서는 성과를 내야 한다.

기업의 목적이 무엇인가? 많은 사람들은 "이익(성과)추구"라고 한다. 이익이 없으면 기업은 망할 수밖에 없다. 망한 다음에 수많은 원인을 이야기한들 아무 소용이 없다. 이익은 기업이 생존하기 위한 필수조건이다. 이익만 추구한다면, 기업은 정도 경영이 아닌 불법을 자행할 수 있다. 인류 사회에 봉사하는 기업으로 성장하고 이익을 창출해야 한다. 기업의 존재 이유는 바로 지속 성장에 있고, 지속 성장을 하기 위해 정당한 이익(성과)을 창출해야만 한다.

성과(이익)를 창출하는 기업의 특징은 무엇일까?

글로벌 경영 환경은 모호하고 복잡하며 불확실하다. 수많은 경쟁자들은 생존과 성장을 위해 자신만의 경쟁 우위를 바탕으로 치열한 경쟁을 한다. 국내 1위라고 안심하고 있을 수 없다. 글로벌 초일류 기업인 1위가 되어 모방할 수 없는 경쟁력이 있어야만 지속 성장이 가능하다. 한순간의 의사결정 실수, 시장과 고객의 요구를 파악하지 못한 전략과 방안으로 인하여, 망할 수 없을 것이라 생각한 초일류 기업들이 사라졌다. 반면, 100년 이상 성과를 내며 생존하는 기업들도 있다. 이들의 생존 비결은 무엇인가?

이 책은 기업이 지속 성장하기 위해 리더들이 어떻게 성과 관리를 할 것인가 설명하고 있다. 기존에 하지 않던 일을 하기 위해 새로운 조직을 만들어 무에서 유를 창출해야 한다면, 당장 방향과 전략, 방안을 수립하는 일이 리더에게 최우선 과제일 것이다. 그러나, 조직의 역할과 책임이 명확한 상태에서 리더가 되었다면 가장 중점을 두어야 할 일은 성과 관리이다. 물론 조직과 구성원의 팀워크, 성장도 중요하다. 열심히 일한 후, 먹자골목의 허름한 술집에서 소주 한 잔 마시며 정을 나누는 추억은 아름답다. 서로가 서로를 믿고 '우리가 남인가'를 외치는 순간은 즐겁기만 하다. 중요한 것은 성과이다. 성과가 높으면 무엇을 해도 기분이 좋다. 흥이 난다. 설령 잘못을 해도 조금은 관대해진다. 하지만, 성과가 없는 회사와 조직은 냉정하다. 망한 다음에 남는 것은 아무 것도 없음을 잘 알고 있기 때문이다. 오죽하면 많은 직장인들이 성과 높은 회사와 조직에서 근무하길 원하겠는가?

조직의 성과 관리는 리더의 중요한 역할이다.
1년에 100회 정도 강의를 한다. 크게 보면 2개 과정이 전체 강의의 70% 수준이다. 하나는 '리더의 역할과 조직 장악하기'이고, 다른 하나는 '리더의 성과 관리(평가자 교육)'이다. 리더의 역할과 조직 장악하기 과정에서 리더의 역할로 5가지를 강조한다. 방향제시, 의사결정, 성과창출, 조직과 구성원 육성, 네트워크와 로열티 강화이다. 이 중 성과창출을 잘하는 리더의 특징을 크게 4가지로 설명한다. ①정도 경영, 솔선수범, 악착 같은 실행의 모범을 보인다. ②일관성과 지속성이 강하다. ③소통 역량이 뛰어나다. ④높은 목표 수립과 우선순위 결정 등 자신만의 성과 관리 툴을 가지고 있다.

리더의 성과 관리는 크게 3요소이다.

첫째, 목표의 설정과 조정이다. 목표는 흔히 SMART 기준에 의해 정해져야 한다. 많은 인사 전문가들이 목표를 KPI(핵심 성과지표) 중심으로 정하라고 한다. 목표는 철저히 실행 과제와 결과물 중심으로 가져가야 한다. 언제 누가 어떻게 설정할 것인지도 중요하다. 못지 않게 중요한 것은 목표 조정이다.

둘째, 목표에 대한 철저한 과정 관리이다. 잃어버린 목표가 되면 곤란하다. 과정 관리를 통해 누가 얼마큼 목표를 달성했고, 그 성과가 무엇이며, 어떤 과제를 할 것인가를 명확하게 알고 있어야 한다. 자신이 하고 있는 일을 잘하고 있는지, 개선할 사항이 없는지 알고 있어야 한다. 구성원이 최고의 역량으로 최대의 성과를 창출하도록 점검과 피드백 면담을 통해 이끌어야 한다.

셋째, 기록에 의한 공정하고 투명한 평가이다. 일을 했다면 그 역량과 성과에 대한 평가를 실시하여 명확하게 피드백 되어야 한다. 평가에 따라 공정한 보상이 주어져야 한다. 평가는 기록에 의해 공정하고 투명해야 한다. 연말 평가를 하는데 조직장이 구성원의 역량과 성과에 대한 자료가 없이 평소 지켜본 생각만으로 평가한다면 어떤 현상이 발생하겠는가? 연말 평가가 끝난 다음, 감사 인사를 들으려면 어떻게 평가하며 피드백 할 것인가?

이 책은 바로 이러한 목표, 과정 관리, 평가의 단계별로 무엇을 집중해야 하는지와 발생할 수 있는 상황에 대한 시사점을 주고 있다. 강의를 통해 직접 만나 배우면 더욱 좋겠지만, 지면을 통해 회사의 조직장인 리더들이 성과 관리의 지식 수준을 한 단계 높여, 회사가 지속성장 하도록 성과를 창출하기를 바라는 마음에 집필을 하게 되었다.

평가 후 무슨 이야기를 들을 것인가?

A 팀장은 평가가 끝나고 개인 통보 후 팀원들을 보기가 부담스럽다. 다들 열심히 했는데, 누구는 좋은 점수와 등급을 받고, 누구는 낮은 점수와 등급을 받을 수밖에 없다. 회사는 지금까지 상대평가를 진행하고 있고, 조직 평가가 개인 평가에 연계되지 않는다. S 10%, A 20%, B 60%, C 10%, D(특별한 이슈가 있을 때만 부여)로 되어 있다. S, A를 부과할 직원은 그래도 덜 부담이 되지만, C등급자와 B등급 중 상위 점수를 받은 직원과 면담하기가 불편하다.

팀의 가장 고참인 B차장은 이번에는 부장이 되어야 한다고 주장한다. 후배보다 벌써 3년이나 부장 승진이 늦었는데 열심히 한 만큼 높은 등급을 기대한다. C과장은 팀의 핵심인재로 대부분 전략 과제는 C과장이 주도적으로 담당했다. 작년 2개의 메가 프로젝트 전부 C과장이 담당하여 CEO로부터 잘했다는 칭찬과 공로상 수상을 받은 만큼 그 성과를 인정해달라고 한다. 팀내 가장 불평불만이 많고 역량과 성과가 떨어지는 D과장은 자신은 올해 열심히 했다며, 낮은 등급을 받으면 가만 있지 않겠다고 한다. 연말 개인 피드백은 A팀장에게는 마치 지옥과 같은 시간이다. 어쩌다 이렇게 되었을까? A팀장은 무엇을 잘못했을까?

한 해 평가가 끝나고 최종 평가 면담을 할 때, 팀장은 팀원을 위해 무엇을 준비하고, 무슨 말을 들어야 할까? 업적과 역량 피드백은 사실 연말 평가가 끝나고 본인에게 평가결과가 피드백된 후 실시하면 곤란하다. 평가 과정 관리를 잘하는 팀장들은 최소 월 정기 면담 일정을 그라운드 룰로 정해 놓고 정말 특별한 경우가 아니면 매달 실시한다. 목표 대비 월별 역량과 성과 실적을 점검하고, 차월에 해야 할 중점 과제에 대해 협의하고 동기부여하는 장이기도 하다. 대부분 팀원들이 평가의 공정성과 투명성이 없다고 말하는 것은 최소 월별 면담을 한 적이 없기 때문이다.

연말 마지막 면담은 팀원들에게 감동을 줄 수 있는 선물과 메모, 도전적이며 구체적인 역량과 성과 목표를 부여하는 시간으로 해야 한다. 1년 고생하고 성과를 낸 팀원에게 감동을 주고, 또 달려야만 하는 1년의 목표로 동기부여해야 한다. 팀원들은 자신의 평가 결과보다는 자신의 역량을 강화해 주고, 보다 높은 수준의 업적을 내도록 조언하고 이끌어준 팀장에게 감사하는 시간이 되어야 한다. 팀장이 "감사한다", "그동안 너무 많은 것들을 배웠다", "잘 부탁드립니다" 등의 인사말을 최종 면담에서 팀원 한 명 한 명에게서 듣는다면, 팀원이 평가 결과에 불만을 갖고 이의를 제기하거나, 부정적인 행동을 하지 않을 것이다.

이 책을 집필하면서 그동안 감사할 분들이 많다. 17년의 삼성(삼성전기, 삼성 비서실 인력개발원, 삼성경제연구소), 8년의 LG정유(현 GS칼텍스, 인사기획팀장, 조직문화팀장 등), 6년의 KT&G(변화혁신실장, 인재개발원장) 총 31년 직장생활을 하면서 많은 상사와 선배, 동료와 후배님이 지금까지 잊지 않고 연락을 준다. 한 분 한 분 소개할 수 없어 죄송하지만, 마음 속 깊이 간직하고 감사드린다. 지금까지 살아오면서 정 많고 각 분야 특히 인사 전문가이신 분들의 도움을 많이 받았다. 20년 가까이 매달 세미나를 이어가는 한국HR포럼 회원님들, 25년이 넘게 만남을 지속하는 인사노무연구회 회원님, 인사 전문지인 월간 인사관리, 인재경영. 월간 HRD, HR Insight 편집장님과 기자님에게 감사드린다. 2005년부터 진행하고 있는 멘토링의 멘티들에게 감사드린다. 한솔교육, 애경그룹, 경신, 마이다스 아이티, 동서식품, 유한양행, 대웅제약, 한솔그룹, 현대그룹, 선일다이파스, 한국 콜마, LX홀딩스, KCI, 해피랜드, HD현대, 해양 에너지, 아세테크, 코코도르, 코린토, 투유드림, 이조스페이스, 효성 그룹, 롯데 물산, 동원산업, 효성전기, 비나텍, 툴젠, 호반건설, 지방공기업평가원, HR에듀센터, 한국경영자총협회, 중도일보, 원티드의 인살롱, 한국경제신문사, 매일경제신문사 등의 관심과 지원 덕분에 성장할 수 있었다. 2003년부터 평일이면 반드시 작성하는 3분 경영 독자님의 격려가 없었다면 이 책은 빛을 볼 수가 없었을 것이다. 40년 넘게 자신을 희생하며 배려하고 감동을 주는 사랑하는 아내, 직장인으로 아름답게 성장하고 있는 큰딸 서진, 손녀 비안이와 곧 태어날 아이의 엄마인 작은딸 서영과 항상 자상한 눈으로 지켜주는 사위, 올해 93세인 아버지의 건강과 언제나 강인하고 자상한 어머니의 행복을 기원한다. 마지막 끝까지 교정을 보고, 졸고를 옥고로 편집하고 한 권의 책으로 세상에 나오도록 결정해 준 〈도서 출판 행복 에너지〉의 권선복 대표님에게 감사를 드린다.

2024년 8월
일산 집무실에서
홍석환 대표(홍석환의 HR전략 컨설팅)

성과 관리의 성공비결 24가지

Chapter 4

성과 관리 상황별 조치

Chapter 1

왜 지금
성과 관리인가?

1.
평가 왜 하는가?

평가를 실시하는 이유는

궁극적으로 조직과 직원의 육성과 성과창출이다

최근 평가의 트렌드는 3가지이다. 첫째는 평가 무용론이다. 평가를 했더니 팀워크가 무너지며, 개인 갈등이 심화될 뿐 도움이 되지 않는다고 주장한다. 둘째는 절대평가로의 전환이다. 일정한 기준을 마련하여 그 목표를 달성하면 전원이 S(탁월) 평가를 받을 수 있고, 목표에 미달하면 전원이 D(개선) 평가를 받기도 하는 제도이다. 셋째는 공정성 강화를 통한 성과평가의 개선과 확대이다. 평가 그 자체의 의미도 중요하지만, 보상/승진/이동/육성에의 활용을 고려해야 한다. 이에 따라 집단과 개인 평가의 연계, 객관성과 투명성 강화, 평가 항목 및 가중치 조정, 과정 관리 강화 등의 개선을 가져가고 있다.

회사의 규모, 업의 특성, 임직원의 성숙도에 따라 평가제도 설계, 운영 방법도 다양하다. 우리에 맞는 평가제도의 개선도 중요하지만, 평가를 왜 해야 하는가를 임직원이 명확히 인지하는 것이 더 중요하다. 평가의 의미와 얻고자 하는 바가 분명하다면, 어떻게 공정성과 수용도를 높여 조직과 구성원의 성장과 회사 성과 창출에 도움되도록 이끄느냐는 따라오게 되어 있다.

평가는 '조직이 피평가자에게 부과된 업무의 실행 과제와 그 수준에 대하여 일정기간 동안 그 달성 정도를 체크하여 조직의 성과를 향상시키며, 피평가자의 업무수행 능력을 향상시키려는 의도된 시스템'이다. 팀장과 임원, 인사담당자를 대상으로 평가자 교육을 실시하며 항상 하는 질문은 "평가를 왜 하는가?"이다. 대부분 참석자들은 평가 결과의 활용을 강조한다. 평가를 통해 1년의 성과에 대한 성과급을 주기 위한 수단이라고 한다. 성과가 있으면 보상이 따라야 한다. 더 많은 성과를 낸 직원과 덜 낸 직원을 구분하여 차별 보상을 하기 위해 평가를 한다고 한다. 혹자는 승진을 위해 평가를 해야 한다고 한다. 직장인의 꿈은 승진인데, 승진 기간이 되었다고 누구나 다 승진하게 할 수 없는 상황이다. 승진을 결정하는 가장 큰 기준이 평가라고 한다. 틀린 대답은 아니지만 이 답변으로는 부족함이 많다. 보상과 승진 등을 위해 평가의 결과만 필요하다면, 목표를 수립하고 조정하고, 점검과 피드백의 과정 관리를 할 필요가 없다. 연말에 기록과 관찰 사항, 평소 인식을 중심으로 조직장이 평가 결과만 제출하면 된다. 평가 당시, 기억이나 기록이 없다면, 직원들에게 1년 동안 자신이 한 일을 전부 적어 내라고 하면 된다. 이 방법이 옳겠는가?
인사담당자들은 평가의 목적을 인력 유형별 관리를 위한 수단이라고 한다. 높은 성과를 낸 직원에게는 좋은 기회, 보상, 높은 과제 등을 부여하고, 낮은 성과를 낸 직원은 보상과 승진 등에서 불이익을 주는 수단으로 본다. 이 역시 평가 결과의 활용만 보는 좁은 사고이다.

사실 HR(인사)적 관점에서 볼 때, 평가는 5가지 중요한 역할을 수행한다

첫째, 회사 인력 정책을 설정하는 기준이다. 구성원의 능력과 실적에 대한 객관적인 자료를 누적적으로 제공해 줌과 동시에, 회사의 전 인력에 대한 질적 수준을 판단하게 한다.

둘째, 체계적인 인재육성을 가능하게 해 준다. 구성원의 능력과 역량 차이는 반드시 존재한다. 담당 직무를 수행하기 위한 능력개발의 포인트와 니즈를 찾아내 지원함으로써, 일을 통한 성과창출 및 인재육성을 가능하게 한다.

셋째, 업무 향상과 능력 향상의 기초자료이다. 현재 자신의 수준을 파악하고 상사의 피드백을 통해 동기유발과 업무 개선점을 찾아내어 업무 능력 향상과 조직의 생산성을 높이게 한다.

넷째, 공정한 보상과 승진의 기준이 된다. 성과 있는 곳에 보상이 있다는 원칙을 가져갈 수 있다. 평가 결과가 없다면, 조직은 적당주의와 무사안일주의가 만연될 가능성이 높아진다.

다섯째, 적재적소 배치의 수단이 된다. 평가를 통해 자신이 잘하는 업무를 파악하게 되고, 각 부서의 필요 지식과 역량 등을 사전 공유함으로써 가고 싶은 부서에 대한 준비를 하게 한다.

평가를 통해 인력 유형별(핵심인재, 유지 인력, 저성과자) 관리를 할 수 있다. 어느 리더가 어떻게 조직원을 육성하는가를 통해 리더에 대한 판단 기준으로도 활용할 수 있다. 또한, 평가 데이터가 쌓이면, 회사 조직과 구성원이 어느 직무, 어느 역량이 강하고, 약한가를 파악하고 대책을 마련할 수 있다. 궁극적으로 성과 관리의 전 과정이 공정하게 추진되어 회사 조직 및 개인 역량 강화와 성과 창출을 이끄는 데 그 목적이 있다.

모든 회사, 조직이 평가를 해야 하는가?

제조공장은 전부 베트남에 있고, 국내에는 디자인, 영업, 구매, 관리업무를 담당하는 10명의 직원이 있다. CEO는 전 직원을 본인이 직접 선발해 가르치고 지금까지 함께 생활했기에 한 명 한 명의 성격과 직무 역량에 대해 잘 알고 있다고 말한다. 작년부터 컨설턴트의 제언에 따라 평가제도를 운영하는데, 불만이 많다. 조직장은 몇 명 되지 않는 직원들을 서열을 나누고, 피드백 하는 것이 힘들다고 한다. 구성원들도 성과와 역량 평가가 형식적이고 공정하지 않다고 생각한다. 이들은 이 작은 회사에서 누가 무엇을 얼마나 잘하는가 다 아는데, 굳이 평가를 실시해 기분 나쁘게 한다고 불만이다. "10명 미만의 회사도 평가를 하는 것이 맞느냐?"는 질문에 어떻게 대답할 것인가?

조직장은 평가는 연말에 하는 것이라는 인식이 있으나 이는 결과가 통보된 후 기분나빠하거나 갈등을 유발해 직원관리가 어렵다, 엄청난 시간과 노력을 평가에 투입해야 하는가 하는 불만들이 어우러져 평가하지 않으면 안 되는가 불편해 한다.

평가가 아닌 성과 관리이다. 성과 관리는 조직장이 해야만 하는 중요한 역할이며, 기본 중 기본이다. 성과 관리를 잘하기 위해 목표 설정과 조정, 발표 점검 피드백 면담을 통한 과정 관리, 기록에 의한 공정하고 투명한 평가는 당연히 해야 할 일이다.

결론으로 10명 이하의 기업도 성과 창출을 해야만 한다. 조직과 구성원이 회사 안에서 성장하도록 지원하고 이끄는 노력과 투자를 해야만 한다. 이는 기업 경영의 가장 중요한 요인으로 성과 창출, 조직과 구성원 성장을 이끌지 못하는 회사는 망할 수밖에 없다. 1인 기업도 목표를 정하고 매월 점검을 하며 1년 결과를 기록하며 관리하지 않는가? 평가가 아닌 성과관리이다. 이제 기업 평가 제도 설계와 운영도 성과의 관점에서 봐야만 한다.

2.
MZ세대가 평가가 공정하고
투명하지 않다고 생각하는 이유

평가가 실패하는 이유

평가의 중요성에도 불구하고, 평가에 대한 임직원들의 불만의 소리가 높다. 물론 모든 사람들을 만족시키는 평가는 없다. 그러나, 평가에 소요되는 시간, 경비, 노력의 인풋에 비해 효과가 당연히 커야 하는데, 심한 경우 평가에 대한 불만으로 회사를 퇴사하겠다는 이야기가 나온다.

평가의 문제점은 크게 4가지로 살펴볼 수 있다.

첫째, 능력이나 실적보다 상사와의 관계 또는 연공에 의해 평가가 이루어진다.

입사 3년차인 김 주임은 능력이나 실적은 조직에서 가장 탁월하다. 그러나, 상사와의 관계가 좋지 않고 조직 내 승진대상자가 있거나, 고참을 우대하는 문화 때문에 높은 성과를 냈음에도 불구하고 나눠먹기식의 평가, 밀어내기 식의 평가로 항상 불이익을 받고 있다.

둘째, 성과 목표 및 이의 측정 지표가 불명확하고, 목표 및 과

정 관리에 대한 점검과 피드백은 없고, 오직 평가 결과만 이루어지는 경우이다. 임직원의 목표 수립과 과업수행과정이나 평가결과에 대해 무엇이 문제이고 어떻게 해야 하는가를 정확히 진단하여 구성원의 능력을 최대한 신장시켜야 한다. 그러나, 무엇을 왜 측정해야 하는지도 모르고 측정 지표도 없다 보니, 과정 관리가 잘될 수가 없다.

셋째, 평가에 대한 지식과 이해부족으로 평가자의 주관이 개입될 여지가 많고, 평가자와 비평가자 모두 평가를 평가시즌에만 실시하는 일회성 업무라고 생각한다. 평가 결과가 어떻게 활용되는가를 조직장이 잘 알지 못하거나, 반대로 평가 결과의 활용을 전제로 자신의 말에 순응하는 직원에게 좋은 등급을 부여하다 보니 평가에 대한 불만이 팽배해져 간다.

넷째, 평가를 보상을 주는 수단으로만 생각하고, 전략과 인력 운영(보상, 승진, 이동 육성, 퇴직 등)**과의 연계를 시키지 않아 구성원의 동기 저하를 떨어트리는 대표적 제도로 인식되어가고 있다.**

상황이 이러다 보니 평가가 조직과 개인의 팀워크를 해치고, 갈등을 조장하고, 구성원의 불만을 야기하는 원인이 되어 평가 제도를 폐지하자는 목소리도 만만치 않다.

MZ 세대 팀원들이 평가가 공정하지 않다고 생각하는 다양한 이유이다.

① 개인의 역량과 성과보다는 상사와 관계가 모든 것을 결정한다.

② 1년 내내 피드백이나 면담 한 번 없었다.

③ 목표를 수립하지 않았는데, 무슨 근거로 평가를 하는가?

④ 평가자에게 팀원들이 1년 동안 무슨 일을 어떻게 했고, 어떤 성과를 냈는지 기록이 없다.

⑤ 결과를 정해 놓고 형식적 서류 작업만 하는 것 같다.

⑥ 승진할 사람에게 밀어준다.

⑦ 저성과자가 아닌 이상, 팀의 고참에게 좋은 평가를 줄 수밖에 없는 구조이다.

⑧ 핵심 부서라고 하면서 상대평가를 한다. 타 부서보다 성과가 높은데 보상은 낮다.

⑨ 꼭 필요한 인재라고 영입하고 기간이 부족하다고 보통 등급을 부여한다.

⑩ 수많은 수명 업무를 수행했는데, 연초 목표에 없는 일이라고 평가에 포함되지 않는다.

성과 관리는 크게 목표의 설정과 조정, 점검과 피드백 면담을 통한 과정 관리, 기록에 의한 평가로 이루어진다. 성과 관리의 실패는 프로세스상의 실패, 제도의 실패, 사람의 실패로 구분할 수 있다.

첫째, 프로세스상의 실패

① 목표의 설정과 조정

– 목표가 구체적이지 않아 불분명하다.

– 도전적이지 않고 대충 하면 될 정도로 쉬운 목표를 설정한다.

- 기간 내 끝낼 수 없거나, 왜 이 시기에 해야 하는지 모를 정도의 의미가 적은 목표

- 실행 과제가 아닌 지표 중심의 목표

- 측정 가능하지 않고 마감도 없는 목표

- 환경이 급변하여 목표를 수정해야만 하는데, 조정이 되지 않는 목표

- 목표는 세웠으나 관심을 두지 않아 잃어버린 목표

② 점검과 피드백 면담을 통한 과정 관리

- 목표에 대한 점검이나 피드백이 없어 부적절, 불충분한 면담

- 목표와 무관하게 현재 하고 있는 일 중심의 '주간 업무 실적과 계획' 점검

- 최소한 월별 업적과 역량에 대한 정리와 점검 없이 알아서 하라는 식의 과정 관리

- 면담의 원칙도 없이 훈계 또는 서류 점검 수준의 진행

- 누가 무슨 일을 어떻게 했는가에 대해 전혀 모르는 상황에서 일 추진

③ 기록에 의한 평가

- 기록이 없이 머릿속에 있는 기억만으로 평가

- 성과, 역량보다는 관계가 모든 것을 결정

둘째, 제도의 실패

제도의 실패는 회사의 사업 특성, 임직원의 의식과 성숙도, 최고 경영자의 철학이나 원칙과 맞지 않는 평가제도를 도입하여 일방적이고 예외 없이 추진하는 경우이다. 기업들이 도입한다고, 절대 평가를 무분별하게 도입하여 평가를 무의미하게 하

는 경우가 많다. 예를 들어 회사는 적자인데, 구성원의 평가 결과는 전원 보통 이상(B등급)인 경우이다. 이러면 보통의 성과를 낸 구성원이 가장 낮은 수준의 일 못하는 직원으로 전락하게 된다. 조직장은 낮은 등급을 부여하는 것을 싫어한다. 제도가 이를 묵인하여 항상 관대화 현상이 존재한다. 사실상 평가 왜 하는가 의문을 갖게 한다. 제도가 조직과 구성원의 육성과 성과 창출을 이끌도록 공정하고 투명해야 한다.

셋째, 사람의 실패

성과 관리의 핵심은 조직장이다. 조직장이 구성원의 목표를 수립하여 부여하고 협의해 확정해야 한다. 사업계획이 끝나면 곧바로 개인 목표 수립을 해야 한다. 확정된 목표에 대한 실행 과정과 달성율을 최소 월 단위로 확인하여 초과 달성하도록 이끌어야 한다. 업적만 중요한 것이 아닌 조직과 구성원의 역량을 향상시켜야 한다. 육성 목표를 정해 업적과 마찬가지로 점검하고 피드백해줘야 한다. 업적과 역량의 결과물을 모두 기록 관리하고, 구성원을 월 1회 모아 '성과 공유회'와 같은 발표와 상호 피드백 시간을 가져야 한다. 구성원 개개인도 자신의 업적과 역량 목표와 결과를 정리해 상사에게 보고하고 피드백을 받아야 한다. 성과 관리의 목적이 역량 향상과 성과 창출이라면 이 목적에 부합되는 행동을 해야 한다. 성과 관리와 수행하는 일이 따로따로 되면 곤란하다. 결국 일이란 새로운 가치 즉 성과를 창출하는 것이라는 인식이 조직 내 깊게 자리잡고 있어야 한다.

제대로 운영하는 지혜가 필요하다

평가제도 설계는 크게 평가군과 평가자의 선정, 평가항목과 등급 및 가중치의 결정, 평가 시기, 평가 프로세스, 평가결과의 활용을 정하는 것이다. 최근 이슈가 되고 있는 것은 평가항목과 등급 및 가중치이다. 철저하게 2:7:1의 상대평가를 고집했던 많은 기업들도 절대평가를 도입하고, 국내 기업 중에서도 절대평가를 도입하는 등 개인별 경쟁 완화, 고성과 조직과 저성과 조직의 불만 해소, 자율적 목표 관리 등을 가져가고 있다. 사실, 평가제도의 설계는 그 기업의 업의 특성, 경영진의 철학과 원칙, 임직원의 문화 등을 고려하여 상황에 맞게 조정해 나가야 한다. 평가결과의 활용은 인력유형별 차이를 둘 수 밖에 없는 상황이다. 그러므로, 평가 설계의 이슈는 어느 요소를 어떻게 반영하느냐 이슈이지, 평가 그 자체를 할 것인가 하지 말 것인가의 이슈는 아니다.

설계된 평가제도가 현장에서 제대로만 운영된다면, MZ세대의 불만과 갈등은 많은 부분 사라질 것이다. 평가가 필요한가, 필요하지 않은가를 운운하기보다는, 설계된 평가 제도가 공정하고 지속적으로 운영되도록 어떠한 노력을 하고 있으며, 부단히 점검하고 피드백 하여 구성원의 수용도를 높이고 있느냐가 더 중요하다.

3.
왜 팀장들은 평가에 대해
힘들어하는 것일까?

그들은 왜 고민하는가?

현업 관리자 50명을 만나 평가에 대한 그들의 고민을 들어 보았다.

우리나라 대부분 대기업 제조업은 신뢰(信)를 바탕으로 팀워 크를 강조하고 있다. 상대평가이다 보니 어느 누구는 낮은 등급 을 부여할 수밖에 없다는 것이 가장 큰 어려움이었다. 물론 인 사 담당자의 입장에서는 말도 안 되는 이야기이지만, 그들은 심 각했다.

평가자 교육이 있지만, 제도에 대한 소개 수준이기에 현업 관 리자의 애로사항을 시원하게 해결해 주지 못하고 있었다. 사실 현업 관리자 중에서 제대로 목표 관리와 과정 관리를 하는 사람 은 그렇게 많지 않았다. 평가가 중요하다는 것을 다 알고는 있 지만, 기록 관리를 하는 관리자는 거의 없었다. 평가의 방법을 모르기 때문에 그들은 힘들 수밖에 없다.

인사 부서에서는 면담을 하고 기록 관리를 하라고 한다. 평상

시 업무 지시를 통해 매일 만나고 피드백 주고 있고, 업무도 바쁜데 또 무슨 면담인가? 관리자들은 인사 부서가 힘들게 한다고 생각하고 있었다.

연말 평가? 조직장이 알아서 하는 것이다?

연말 평가 시즌, A팀장은 평가하라는 인사 부서의 공문을 받고 직원 한 명 한 명을 떠올려 본다. 머릿속에 누가 일을 잘하고 누가 일을 못하는가 결정이 되어 있다. 인사 부서의 평가지는 항목도 많고 쓸 내용도 많다. 이미 내 머릿속에는 다 결정되어 있는데 왜 불필요하게 이렇게 복잡한 양식을 작성하게 하는지 모르겠다. A팀장은 자신이 정한 순서대로 평가 등급을 부여하고, 역으로 점수를 맞추고 내용을 작성한다.

직원 평가에 대한 많은 조직장의 고민은 대략 다음과 같다.

- 하위평가(C/D)를 반드시 주어야 해서 부담스럽다.
- 직원의 업적이 비슷하여 우열을 가리기 어렵고, 역량을 정량화하여 평가하기 어렵다.
- 평가일정이 너무 촉박하다.
- 승진자와 고참을 밀어줄 수 밖에 없다.
- 2차 평가자의 평가조정으로 1차 평가가 무의미하다.
- 평가는 해야 하는데 관련 skill이 부족하다.
- 목표 이외의 수명 업무가 중간에 자주 발생한다.
- 평가 후 불만이 많을 직원들을 생각하니 머리가 아프다.

사실 회사마다 차이가 있지만, 평가자 교육을 실시하지 않는 회사도 많다. 조직장이기 때문에 당연히 평가를 해야 하며, 과정이나 결과는 알아서 하라는 식이다. 한 명 한 명 목표를 부여하고 최소 월별 과정 관리와 면담을 통해 목표의 진행 사항을 점검하고 지도해야 한다. 평가의 기준을 가지고 공정하게 평가해야 하지만, 방법도 skill도 제대로 배운 적이 없다. 평가가 끝난 후, 직원들이 내년에는 보다 높은 목표를 설정하고 도전하겠다는 마음을 가져야 하는데, '우리 회사는 도대체 무슨 기준으로 평가하는지 모르겠다', '역시 상사와 친한 사람이 좋은 평가를 받아', '왜 저 사람이 S등급이야.' 등의 불평이 쏟아진다. 평가를 하기에 앞서 다음 10가지 항목에 대해 얼마나 알고 실행하고 있는가를 점검해 보자.

1) 나는 평가의 중요성과 왜 해야 하는가를 잘 알고 있다.

2) 나는 평가의 종류와 좋은 성과를 내기 위한 프로세스를 잘 알고 있다.

3) 나는 목표설정과 중간중간 목표 달성에 대한 면담을 실시한다.

4) 나는 목표달성 여부를 보며, 대상에 따라 사전에 목표를 수정해 줬다.

5) 나는 직원의 목표, 달성 수준과 내용을 명확하게 알고 있다.

6) 나는 직원 한 명 한 명과 매달 연간 목표 대비 성과와 역량 면담과 코칭을 해 왔다.

7) 나는 현재 직원 개개인의 성과와 역량에 대한 기록을 갖고 있다.

8) 나는 직원이 원하는 바를 알고, 장단점을 파악하여 정리하고 상사와 매월 협의한다.

9) 나는 면담 요령을 알고 직원들의 마음을 훔칠 자신이 있다.

10) 나는 내년도 직원 개개인의 성과와 역량 목표를 설정해 놓았다.

평가 결과 불만자에 대한 조치를 준비하고 있는가?

아무리 객관적이고 공정하게 평가를 마치고 면담까지 했다고 해도, 기분 나쁜 것은 기분 나쁘다. 상처는 아물지 모르지만 흔적이 남는다. 겉으로는 아무렇지 않은 표정을 짓지만, 이미 마음은 조직과 사람을 떠난 직원도 많다. 평가 결과가 공개된 후 불평하는 직원은 그래도 낫다. 실망하여 과음하고 출근하지 않는 직원들도 있다. 조직장은 실망한 직원들을 불러 관심을 갖고 이야기를 들으며 위로해 줘야 한다. 불만이 장기간 지속되면 조직에 매우 부정적인 영향을 미치게 되므로 빨리 조치해야 한다. 더 중요한 것은 금년의 결과가 아닌 내년 계획인 만큼 직원들이 마음을 잡고 목표에 매진할 수 있도록 이끄는 책임이 조직장에게 있다.

4.
일이란 무엇인가?

받은 만큼 일한다

강의 장소에 도착하니 1시간 넘게 시간적 여유가 있다. 너무 일찍 회사에 들어가는 것도 부담이 되기에 근처 카페에 들어가 좋아하는 '카페모카' 한 잔을 부탁했다. 커피를 마시며 책을 보는데, 옆 테이블의 대화가 자연스럽게 들렸다. 여직원이 부끄럽지도 않은 듯 '나는 받은 만큼 일한다'고 말한다. 옆의 여직원도 그 말에 큰 소리로 웃는다. 회사에 '월급 루팡'이 많다는 이야기를 들었지만, '받은 만큼 일한다'는 소리는 처음 들었다.

모든 직원이 받은 만큼 일하면 회사는 어떻게 될까?

결론적으로 회사는 망하게 된다. 이런 생각을 갖고 있는 직원들이 길고 멀리 바라보며 메가 프로젝트를 기획하지 않는다. 회사의 지속 성장을 위한 생각 자체를 하지 않는다. 그저 자신이 회사에 있는 동안 급여만 받으면 된다는 생각이 강하다. 일한다고 하지만 그 일 속에 열정을 쏟을 가능성은 없다. 어느 회사 벽에 붙어있는 '자신이 일에 혼을 불어넣자'는 구호는 구호일 뿐이다. 주어진 일, 해야만 하는 일을 퇴근 시간을 보며 마지못해 하는 직원의 모습을 CEO가 본다면 무슨 생각을 하겠는가? 자신이 번 돈을 자신이 모두 가져가면, 건물과 사무 공간, 원재료부터 각종 비품의 구입, 미래를 위한 투자를 할 수 없다. 매년 적자를 내는 회사에 누가 투자하며 자금을 빌려주겠는가?

직원들은 왜 이런 생각을 할까?

평생 직장의 시대에는 신입사원에 대한 입문교육 또는 오리엔테이션이 있었다. 대기업의 경우, 합숙으로 입문교육을 실시했다. 회사의 연혁부터 시작하여 직장인이 가져야 할 마음가짐, 직업관과 직업윤리, 직장 예절, 제품과 조직 소개, 중요 제도에 대한 설명이 있었다. 조기 적응을 위한 선배 또는 임원과의 대화 시간이 있었고, 팀워크를 강화하는 프로그램들이 있었다. 중소기업은 사수와 조수의 관계를 맺어주며 '선배에 의한 후배 육성'이 개별적으로 진행되었다. 이 당시에는 받은 만큼 일한다는 생각을 하지 못했다. 신입사원들은 회사와 소속 팀에 기여하지 못하는 것을 미안하게 생각했고, 빠른 시기에 성과를 창출하여 제 몫 이상을 하는 직원이 되길 기원했다.

시대가 바뀌었다. 평생 직장의 개념은 사라지고, 자신이 담당하는 직무 가치가 중시되고 직장은 언제든지 자신이 원하지 않으면 떠날 수 있는 존재가 되었다. 직장에서 일정 기간 역량을 쌓고 보다 높은 연봉과 복리후생, 안정적이고 성장 가능성, 인지도가 높은 직장을 찾아 떠날 생각이 강하다. 일에 대한 열정이 떨어질 수밖에 없다. 주변과의 비교도 한 몫을 한다. 누구는 정시 퇴근하고 그리 바빠 보이지 않는데 회사에서 받을 수 있는 것은 꼬박꼬박 받는 모습을 보며, 굳이 자신만 열심히 일할 이유가 없다. 함께 근무하는 고참 선배와 조직장의 모습을 보면 10년 후 자신의 모습이 그려진다. 저런 모습으로 근무하고 싶은 생각이 없다.

먼저 일의 의미를 심어줘라

3명의 직원이 있다. A는 매일 바쁘다고 입에 달고 지내며 야근을 한다. 무엇이 그렇게 바쁜지 책상에는 온갖 서류와 물건들이 가득하다. 이리저리 뛰어다니며 분명 무엇인가를 한다.

B는 영업사원이다. 오늘 점심도 못 먹고 고객을 만났고 거래처를 돌며 미팅을 했다고 한다. 내일 만날 고객과 거래처를 보니 내일도 점심 먹을 시간이 없어 보인다. C는 불만이 많다. 자신은 매일 9시 이전에 출근했고, 6시 이후에 퇴근하는데 얼마나 더 열심히 일해야 하냐 투정이 심하다. 이 3명의 공통점은 해 놓은 결과가 없다. 이들에게 무슨 말을 하겠는가? 할 수 있는 말이 있다면, "열심히 일한 것은 안다. 하지만, 일을 잘했다고는 말할 수 없다. 일이란 새로운 가치를 창출하는 것, 결과를 창출하는 것이다. 즉, 일을 했다는 것은 성과를 만들어 내는 활동이다"라 하며 가르치는 것밖에 없다.

기업은 친목 단체가 아니다. 기업이 지속적인 성장을 이어가기 위해서는 성과(이익)를 창출해야만 한다. 뭔가 차별화된 경쟁력이 없으면 성과(이익)를 지속적으로 창출하기 쉽지 않다. 남들보다 더 좋은 제품이나 서비스를 신속하게 개발, 생산, 판매하여 이익을 창출해야 한다. 자신이 받는 연봉만큼 이익을 창출하면 기업은 망한다. 얼마만큼 이익을 창출해야 하는가? 팀원이라면 최소 3배, 팀장이라면 5배, 임원이라면 10배의 당기순이익을 창출해야 기업은 유지되지 않을까? 직급이나 직책이 위로 올라갈수록 더 솔선수범하고 모범을 보여야 한다. 몸소 실천하는 것을 지속적이고 일관되게 보여줘야 한다. 직원들이 성과를 낼 수 있도록 알려주고 점검하고 면담을 통해 피드백 해줘야 한다. 자신이 하는 일을 통해 자신의 연봉의 몇 배 이상은 창출하는 것이 당연하다고 인식하게 해야 한다. 더 이상 젊은이들이 대화에서 '월급 루팡', '받은 만큼 일한다'는 말을 해서는 곤란하다.

5.
평가제도의
최근 동향과 개선 방향

빠르게 변화는 일어나고 있다

코로나19 이후의 기업환경은 급속도로 변화하고 있다. 이대로 가면 망할 것이라는 위기감이 그 어느 때보다 강하다. 미래에 대한 불안감, 재택근무의 일상화, MZ세대와의 갈등 등을 통해 성과 관리 전반에 대한 점검과 개선작업이 이루어지고 있다. 지원조직으로 HR이 아닌 사업과 성과 전반을 어우르는 HR로의 역할을 담당해 주길 경영층은 요구한다.

A기업에서 급히 연락이 왔다. 지금까지 1년 주기의 성과 관리를 해왔는데, 경영층이 이렇게 하면 망할 수밖에 없다며 성과 관리 전반을 혁신적으로 개선하라는 지시를 내렸다며 도와 달라고 한다. 회사에 가서 30분 정도 현황을 파악하면서 왜 경영자가 지시를 내렸는가 이해가 되었다. 성과 관리를 담당하는 팀장과 담당자가 회사의 경영목표 항목과 가중치를 알지 못한다. 본부별 전략과 목표뿐 아니라 팀의 목표도 모르고 있다. 팀원들의 목표설정은 2월 말에 수립되었지만, 5월 말 현재 한번도 점

검한 적이 없다. 이 회사는 매주 CEO가 참석하는 경영 회의를 실시한다. 모든 팀이 주간 업무 실적과 계획을 작성하고 본부장 주관으로 전 팀장이 모여 주간 회의를 진행한다. 이 과정 속에 사업계획의 목표에 대한 점검과 피드백이 없었다는 것이 이해하기 힘들었다. '계획 따로 실행 따로'의 대표적 사례였다. 한 달 안에 평가제도를 획기적 개선한다는 목표하에 동종업체 벤치마킹을 실시하였다.

평가 제도의 최근 국내 기업의 동향

최근 평가제도의 동향을 크게 4가지로 살필 수 있었다.

첫째. 1년 단위의 평가 기간의 단축

방문 기업과 CEO와 인사 부서장 만남에서 가장 두드러진 포인트는 변화가 너무 빨라 1년 전 세운 사업계획상의 목표를 지속적으로 가져가는 것은 불가능하다는 점이다. 결국 1년 단위의 목표설정이 아닌 분기별 목표설정과 점검을 하는 기업이 많았다. A기업의 인사팀장은 기 설정된 목표보다 수명 업무가 많다고 한다. 분기별 항목에 수명 사항을 별도로 설정했다고 한다. 일부 기업에서는 분기별 평가를 실시하고 분기 평가 결과를 기준으로 연간 등급을 결정하고 있었다. 이때 연말 평가 등급은 분기 평가 등급의 평균을 넘을 수 없도록 되어 있다.

둘째, OKR 도입을 통한 월별 모니터링 및 피드백이다.

OKR은 목표와 핵심 성과에 대해 주단위로 발표를 하고 피드백을 받도록 되어 있다. 하지만, 아직 피드백 역량과 성숙도가 낮은 국내 기업에서는 주 단위 점검과 피드백은 애로사항이 많다. 이에, 한 달에 한 번 면담을 통해 점검과 피드백을 실시하고 있다. 업적과 역량에 대한 실적과 계획을 바탕으로 잘한 점, 보완할 점, 애로 및 건의사항을 면담하고 인사팀에 정리해 제공한다. 인사팀은 월별 면담을 정리하여 경영층에 보고하고 있다.

셋째, 조직 평가와 개인 평가의 연계이다.

절대평가를 실시하는 기업이 있었다. 이들 기업의 특징은 목표 수준이 도전적이고 월별 피드백은 의무사항이었다. 절대 평가에 따른 관대화 현상과 문제점을 보완하기 위해 성과보상위원회를 운영하고 있었다. 하급자의 평균이 상급자의 등급을 넘지 못하도록 규정하여, 조직 평가가 개인 평가에 영향을 주도록 하고 있었다. 기업 중에는 상위 조직의 등급에 따라 하위 조직의 등급 가중치를 상향 또는 하향해 추진하고 있었다.

넷째, 1차 평가자의 영향력 강화이다.

평가 등급의 부여는 통상 3가지 유형이 있다. 1차 평가자의 평가를 60~70%, 2차 평가자가 30~40% 비중을 가져가는 것이다. 다른 유형은 1차 평가자가 순서를 정하고 2차 평가자가 등급을 결정하는 방식으로 조직 내 인원이 적은 경우 유용하다. 마지막 유형은 1차 평가자가 평가를 실시하고, 2차 평가자가 조정하는 방식이다. 최근 기업은 1차 평가자의 권한과 책임을 높이거나, 1차 평가자의 평가 결과에 대해 2차 평가자가 특이한 상황을 제외하고는 승인하는 형태로 가져가고 있다.

평가 제도의 개선 방향

평가 제도는 조직과 구성원의 역량을 강화하고, 회사의 지속 성장과 성과를 창출하는 데 있다. 이를 위해서는 근본적으로 평가를 받는 사람이 수용해야 한다. 평가 절차가 객관적이며 공정하게 추진되어, 과정을 통해 배우며 감사하는 마음을 가져야 한다. 평가의 문제점도 많고 개선 포인트도 많다. 평가 개선의 포인트 중 3가지를 강조하고 싶다.

첫째, 분기별 목표설정과 평가이다. 1년의 평가 기간은 현재와 같이 빠른 변화가 요구되는 경영환경에서는 어려움이 많다. 신속한 변화, 경영층의 요구에 부응하기 위해서는 평가 기간은 1년으로 하되 분기별로 점검 피드백의 성과관리 방식을 가져가는 것이 바람직하다.

둘째, 주 단위의 점검과 피드백 강화이다. 평가의 문제점 1위는 점검과 피드백 부족이다. 육성 차원의 평가가 되어야 한다. 업적과 역량 평가 과정과 결과물에 대한 관찰 사항이 피평가자에게 피드백 되어야 한다. 평가자들이 면담하느라 일 못 했다는 불평을 할 것이 아니라 면담을 통한 점검과 피드백이 일이고 이를 잘해야 성과가 창출된다고 생각해야 한다.

셋째, 사업과 회사 특성에 맞는 평가제도의 설계이다. 절대 또는 상대 평가, 평가 등급 및 비율, 조직평가와 개인 평가의 연계, 핵심 조직과 핵심 인재에 대한 배려, 평가자의 역할과 지식 강화 등 회사에 맞는 제도의 설계와 운영이 현업과 소통하며 추진되어야 한다.

6.
성과 관리의 3 프로세스

어떻게 성과를 창출할 수 있을까?

많은 기업이 평가 제도를 운영한다. 평가보다는 성과 관리라고 조직과 구성원에게 소통하라고 강조한다. 평가를 위해 매주 구성원과 면담을 하라고 하면 조직장은 평가 또는 면담 때문에 일을 못 한다고 한다. 하지만, 성과 관리를 위해 매주 구성원과 면담을 하라고 하면, 불만을 할 수가 없다. 높은 성과를 창출하는 것이 조직장의 역할이기 때문이다.

회사는 지속적 성장을 하기 위해 성과가 필요한다. 이러한 성과는 단기적 개념이 아닌 장기적 개념이 되어야 한다. 장기적 성과를 내기 위해서는 조직과 구성원의 역량은 무엇보다 중요한다. 성과관리는 조직과 구성원을 지속적으로 성장하게 하는 수단이다. 많은 사람들이 성장이나 육성을 말할 때, 그 대상을 사람으로 국한한다. 조직을 맡은 조직장은 육성 대상이 구성원만 있는 것이 아니다. 조직 그 자체의 육성을 생각해야 한다. 조직 학습은 팀에서 부문으로, 부문에서 회사로 조직을 확대하거나, 팀워크와 개선활동을 강화하는 것이다. 조직의 가치관이 확립되어 있어야 한다. 조직과 구성원 육성도 회사가 지속 발전하도록 성과를 창출하는 데 있다. 성과 창출은 조직 차원과 개인 차원이 있다. 조직 차원의 성과는 사업계획의 달성이다. 회사의 목표, 본부의 목표, 팀의 목표를 초과 달성하는 것이다. 그리고 이러한 조직의 목표가 개인의 목표와 일로 연계되어 성과로 창출 되어야 한다.

육성과 성과 창출을 위해 성과관리는 세 가지 프로세스가 매우 중요한다.

첫째, 도전적이고 정량화된 유의미한 목표이다. 도전적이고 정량적이며 의미 있는 목표인 실행 과제를 조직 목표와 연계하여 상사가 정해 구성원에게 조직 목표가 확정되자마자 12월말 이전에는 제시해야 한다. 구성원은 조직장과 협의하여 최종 실행 과제인 목표를 결정하고 월별 결과물 중심의 실행 계획을 세워 추진해야 한다. 가능한 조직과 개인의 목표가 12월에 확정되어 새해부터 추진되어야 한다. 조직의 목표는 사업계획이란 이름으로 매년 12월에 확정되는데, 개인 목표는 많은 기업들이 2~3월에 확정되기도 하고, 없는 회사도 있다. 여러 이유가 있다. 가장 바람직한 모습은 새해 또는 새로운 시즌의 목표가 시작과 동시에 수립되어 있고, 그해에 마무리되어야 한다.

둘째, 발표 점검 피드백 면담을 통한 과정 관리이다. 최소한 월 1회 조직별 발표를 하고 상사와 1:1 면담을 해야만 한다. 월별 실적에 따라 목표를 조정해 줘야 한다. 대부분 조직장이 개별 면담만 하고 끝낸다. 이마저 그렇게 자주 하지 않는다. 팀제인 요즘, 팀원들이 각자 담당하는 직무가 있다. 누가 어떤 직무를 수행한다고는 알고 있지만, 지금 무엇을 하고 있는지는 모른다. 주 단위 업무와 역량 실적과 계획을 모두 공유하고, 최소 월별 발표를 해야 한다. 공유의 효과뿐 아니라 지속하면 협업과 보다 높은 수준의 업무가 추진된다.

셋째, 기록에 의한 공정하고 투명한 평가와 평가 결과에 대한 보상과 승진 등의 인사제도 연계이다. 발표와 월별 개별 면담을 하면 구성원에 대한 업적과 역량 실적을 받고 이를 통해 기록 관리를 할 수 있다. 기록할 내용 중에는 매월 팀원들의 잘한 점 3가지 정도를 찾아 적어 놓는 것이 있다. 면담 과정에서 알게 된 구성원의 애로사항이나 건의 사항 등도 기록해 놓으면 연말 평가할 때 큰 도움이 된다. 또한, 평가 결과가 공정하게 인사제도와 연계되어 있어야 한다. 성과 있는 곳에 보상이 있다는 원칙이 지켜져야 한다.

높은 성과를 내기 위해서는 잘 정비된 제도, IT시스템의 구축, 조직장의 방향 제시와 관심, 모두가 성장과 성과를 내려는 열정, 회사 내 이기려는 조직문화가 중요하지 않을까?

조직장은 공동의 목표를 달성하기 위해 직원에게 솔선수범의 모범을 보이고 영향력을 주어 함께 목표를 달성해 내는 사람이다. 직원들이 모두 성과 창출은 당연한 일이며, 성과를 창출하기 위해 자율적으로 도전적 목표를 설정하고 혼신의 힘을 다해 이를 실천해 가도록 해야 한다. 또한, 일하는 자부심과 재미를 느끼고 이 과정에서 성장한다는 것에 감사하도록 해야 한다. 조직장은 주어진 과제에 대해 자료를 수집하고 분석하며 대안을 만드는 일을 하는 사람이 아니다. 일의 방향과 전략 및 과제를 설정하고, 직원들이 즐겁게 일을 하도록 동기부여 시키고, 성과를 창출하도록 소통하며 이끄는 사람이다.

7.
김 팀장, 성과는 평가가 아닌 목표와 과정 관리야

평가 때문에 일 못 하겠다

A회사 인사팀은 직원 의식조사를 발표했다. 인사제도에 대한 만족도는 가장 낮았고, 인사제도 중 평가 만족도가 보상 만족도보다 더 낮았다. CEO는 인사팀에 금년 안에 공정하고 투명한 평가를 실시하여, 평가의 만족도를 올리도록 평가제도를 개선하라고 지시했다.

인사팀은 지시 사항의 이행을 위해 전 조직장에게 업무 연락을 통해 2가지를 요청했다.

첫째, '매주 금요일 오전에는 팀 단위로 팀원 전원이 자신의 목표 대비 업적, 차주 실행 계획, 잘한 점을 발표하라'. 팀장은 발표를 들으면서 목표 대비 업적과 역량의 정도, 잘한 점, 특이사항 중심으로 기록해 나가라고 했다

둘째, '발표가 끝난 후, 매주 팀원과 면담을 실시하라'이다. 발표 후 면담을 통해 점검과 피드백을 강화하라고 한 것이다. 발표와 면담을 마친 후, 인사팀에 그 결과를 제출하게 했다.

각 팀은 매주 발표와 면담 기록을 인사팀에 제출한다. 인사팀은 매달 제출을 하지 않거나, 작성이 미흡한 하위 10%에 해당하는 팀을 CEO에게 보고하여 질책하도록 했다. 반면 잘한 상위 10%의 팀에 대해서는 단위 조직 인센티브 제도를 만들어 팀이 회식할 수 있도록 지원했다.

인사팀이 이러한 발표와 면담을 의무적으로 하게 한 이유로는

① 공정하고 투명한 평가를 통한 구성원의 평가 만족도 제고

② 지속적 점검과 면담을 통한 직원 육성

③ 이러한 발표와 면담이 성과 창출로 이어질 것이라는 확신 이었다.

매주 팀원의 실적을 점검하고 피드백을 하는 것은 의미가 있지만, 지금까지 하지 않던 일을 해야 하는 조직장 입장에서는 부담이 컸다. 직원들도 매주 발표와 면담을 하는 것이 형식적이고 불편했다. 매주 팀장은 면담을 하기 위해 들어온 팀원에게, "이번 주 실적은 무엇인가?", "잘한 점이 있으면 무엇인가?", "애로 사항이나 건의 사항이 있으면 무엇인가?", "기타 자신에게 하고 싶은 말이 있으면 하라"고 했다. 팀원들은 이러한 형식적인 면담을 왜 하는가 묻는다. 실시하고 1개월이 지나지 않아 이곳저곳에서 불만의 소리가 높다. '발표, 면담 때문에 일 못 하겠다'고 한다.

조직장으로서 성과 관리 어떻게 해야 하나?

김 팀장은 평가 시즌만 되면 바쁘고 골치가 아프다.

1연간 팀원들이 무엇을 했는가 생각해 보니, 최근 실적은 생각이 나지만 무엇을 했는가 기록이 없다. 수첩을 보니 전부 김 팀장 자신이 한 일뿐이고, 팀원들이 작성한 평가표를 보니 전부 잘했다는 내용이다. 상대평가라 10명의 팀원 중 S등급 1명, A등급 2명, B등급 5명, C/D등급 2명을 줘야 한다. S등급과 A등급 1명, C등급 1명은 분명한데 나머지는 애매하다. 김 팀장의 고민은 깊어만 간다.

홍 팀장은 매주 각 팀원들의 주간업무계획에 3가지를 포함시킨다.

금주 자신의 실적과 잘한 점 3가지, 자신의 평가 점수(10점 만점에 몇 점), 상사에게 건의/ 도움 받고 싶은 사항이다. 매주 주간업무계획을 중심으로 팀원들과 월요일 개별 면담을 한다. 3가지 사항에 대해 먼저 팀원에게 듣고, 자신의 생각과 지시 또는 코칭 할 사항을 이야기하는데 면담 시간은 결코 20분을 넘기지 않는다. 3가지 사항 이외의 이야기는 하지 않는다. 홍팀장은 매주 주요 실적과 잘한 일을 중심으로 주별 평가를 실시하고, 자신이 지시 또는 코칭한 내용을 기록한다. 지시한 내용은 주중이나 다음 면담 시 반드시 실행여부를 확인하고 기록한다.

두 팀의 성과 차이가 크게 나는 이유이다.

효과적인 성과 관리를 위해

조직장이 고려해야 할 사항은 무엇일까?

- 설정된 과제와 방안들은 올해 목표를 100% 이상 달성하겠는가?

- 목표설정에 내 외부, 경쟁사, 고객 등 환경 변화에 대한 고려가 있는가?

- Risk Management에 대한 대비가 있는가?

- 분기별, 월별, 주별 측정 및 과정 관리를 하고 있는가?

- 목표 수준은 구성원의 역량을 고려한 도전적 수준인가?

- 추진 방안들은 합리적이며 적법한가?

- 목표에 대해 구성원들이 추진 계획을 구체적으로 수립하게 하는가?

- 달성 기한의 설정과 추진 일정 및 중간 보고 시기 등은 적절한가?

- 달성을 위한 제반 활동은 효과적인가?

- 목표달성을 위한 지표 설정과 점검 방법은 철저한가?

- 팀원이 한 방향으로 가게 할 공유방안이나 면담 원칙은 있는가?

- 목표 달성을 촉진할 동기부여 방안은 있는가?

- 조직장의 성과 리뷰는 주별 또는 월별로 철저히 기록되고 있는가?

통상 김 팀장처럼 조직장의 성과 관리는 평가에 있다고 생각한다. 그러나, 올바르게 평가를 한다고 성과가 창출되지 않는다. 보다 중요한 것은 성과를 창출하게 하는 프로세스가 명확하고, 이것이 체계적이고 지속적으로 실행되어야 한다. 성과 관리의 프로세스는 목표관리, 과정 관리, 평가 관리, 평가 후 활용으로 구성되어 있다.

첫째, 목표관리는 구성원의 역량을 고려하여 측정가능하고 도전할 가치가 있는 목표를, 제한된 기간을 부여하여 구체적으로 제시해 주어야 한다.

둘째, 과정 관리는 연 목표를 월 또는 주단위로 점검하고 피드백하여 그 진척율을 관리해야 한다.

셋째, 평가 관리는 철저한 기록 중심의 목표 대비 결과물의 정도를 가지고 평가한다.

넷째, 평가 결과의 활용이다. '성과 있는 곳에 보상이 있다.'는 원칙이 지켜지도록 확실히 차등 보상하고, 승진, 육성, 이동과 퇴직으로 이러한 평가 결과가 연계되도록 해야 한다. 나아가 성과 중심의 기업문화로 구축되어야 한다.

8.
성과 관리 체계와 방식의 단순화가 필요하다

A공기업의 평가 체계

A공기업이 평가 교육을 요청했다. 공기업은 정부의 지침에 따라야 하는 부분이 있어 독자적인 평가 운영에 제한이 있다. 많은 공기업과 크게 다르지 않을 것이라 생각했지만, 성과 관리(평가) 교육인 만큼 회사에서 운영하고 있는 체계를 보내 달라고 부탁했다.

일단 공기업은 성과 관리라고 하지 않고 평정이라고 한다. 평정 자료를 보니 수십 년 이 업무를 해온 필자도 실행하기 어렵게 복잡하다. 업적 평정을 하는 데 평정 요소, 가중치와 계산 방법, 1차 평정자와 2차 평정자의 점수 부여와 배분 방법, 인원에 따른 상대 등급 방법, 조직 평정을 마쳤을 때 조직 간 공정성을 가져가는 방법, 다면 평가 등 PC의 도움 없이는 평정을 할 수가 없을 정도이다. 역량 평정은 달랑 종이 한 장에 항목과 행동 지표에 대한 자기평가, 상사 평가로만 구성되어 있는데, 항목이 30개 수준이었다. 1점짜리 평가항목과 행동 지표를 수우미양으로 구분할 때, 수가 1점이면 양은 0.2점 수준이다. 역량 목표도 없으니 면담과 같은 과정 관리는 하지도 않았을 것이다. 비중도 높은 중요한 역량평가가 달랑 종이 한 장에 대상자에 대한 머릿속 인식 기반으로 기록도 면담도 없이 마무리된다. 공정할 수가 없다.

강의장에 모인 평정자인 참석자에게 평정 시, 무엇이 가장 힘들게 하는가 A4 용지에 적으라고 했다. 공기업도 압도적으로 많은 답변이 바로 '서열 매기기'이다. 다들 열심히 했는데 서열을 매겨야 하는 어려움이 가장 부담이 된다고 한다. 점수 차를 많이 낼 수가 없어 높은 평균점에 낮은 점수차를 부여한다고 한다. 6명의 점수 최고와 최저가 2점밖에 차이가 나지 않는다. 평정의 항목과 내용, 계산하는 방식은 너무나 복잡했지만, 그 결과는 거의 차이가 없었다. 점수 차이는 없지만 순서는 분명했다.

우리 회사는 성과 역량보다도 상사와의 관계가 더 중요해요
B회사는 평가의 공정성을 위해 제도를 개선했다. 각 조직의 평가 관대화를 방지하기 위해 조정 계수를 사용하여 평가를 조정했다. 자기 평가는 개개인들의 자신에 대한 관대화 심리 때문에 참고자료로만 활용했다. 종전의 1차 평가자 70%, 2차 평가자 30%의 비중이었다. 1차 평가자의 경우, 고참 팀원에 대한 평가에 대해 관대하다고 평가 비중을 낮추고, 임원의 평가 비중은 높였다. 중간 점검과 피드백을 전부 점수화하여 이를 기준으

로 개개인의 차를 5점 단위로 평가하라고 했다. 많은 노력을 했지만, 구성원들은 여전히 성과와 역량보다는 상사와의 관계에 의해 평가가 이루어진다고 생각한다. 구성원이 평가가 투명하지 않고, 공정하지도 않다고 생각하는 원인은 무엇일까?

불만만 야기하는 평가, 해야만 하는가?

상대평가를 실시하는 회사는 10명 중 1명만 평가 결과에 만족한다. 2등의 평가를 받은 직원은 탁월한 평가를 받지 못한 것에 대해 불만이다. 오히려 가장 낮은 등급인 D등급의 직원 불만이 적다. D등급 직원은 최소한 자신이 잘했다는 말은 하지 않는다. 회사 내 불만만 야기하는 평가를 지속해야 하는가 하는 논란에 빠졌다. 구성원들이 평가 무용론을 제기했기 때문이다. 조직장들도 다들 열심히 하는데 누구를 좋게 평가하고, 누구를 낮게 평가하는 상대평가를 하지 안 했으면 하는 의견이 많다.

HR담당자와 경영자에게 2가지 질문을 한다. 평가를 통해 얻고자 하는 것이 무엇인가? 평가에 대해 공정하지 않다고 생각하는 이유는 무엇인가? 평가를 통해 얻고자 하는 것은 대부분 보상과 승진이라는 말만 되풀이한다. 공정하지 않은 이유는 상대평가이기 때문에 어쩔 수 없다고 한다. 평가가 투명하지도 공정하지도 않고 수용할 수 없다고 불만하는 요인 중 가장 높은 비율은 불충분한 점검과 피드백의 면담이다. 면담을 통해 목표를 점검하고 맞춤형 피드백을 하지 않기 때문에 불만의 소리가 높다. 매주 아니 매월 개인적으로 목표 대비 진척, 잘하고 있는 점, 고민되는 사항, 다음 달의 계획을 논의하며 피드백을 해 준다면 불만의 대부분은 사라질 것이다.

평가는 단순해야 한다.

회사 사업의 특성, 전반적인 분위기와도 맞지 않고, 평가 담당자가 봐도 복잡한 평가 체제와 방식을 컨설팅사가 제안한다. 다양하고 복잡하고 화려하기 때문에 어렵지만 잘하면 좋은 성과가 창출될 것 같다. 하지만 평가 담당자도 이해하지 못하는 내용을 어떻게 현업 조직장이 알 것인가? 직원들이 어려운 내용을 이해하고, 목표와 계획, 악착 같은 실행을 통해 성과를 창출할 것이라 기대하는가?

평가 체제는 매우 단순해야 한다. 업적 목표도 실행 과제 중심으로 결과물이 분명해야 한다. 팀원들의 평가 항목과 중요도, 비중은 달라야 한다. 직급이 높을수록 중요도가 높은 많은 과제들을 해결해야만 한다. 목표설정이 끝나면 바로 실행하여야 한다. 결과물 중심으로 점검과 피드백을 하고 개별 면담을 통해 월 단위 일의 내용과 수행 정도를 알아야 한다. 월별 결과물에 대해 평가를 받아야 한다. 다음 달 계획에 대해 피드백을 받아, 시행하는데 앞만 보고 달리게 해야 한다. 양식에는 목표, 실행 과제, 실행 결과물에 대한 월별 보고와 최종 보고의 기한을 분명하게 하는 것이 옳다. 구성원들은 자신이 한 일에 대해 즉각적인 피드백을 받고, 할 일에 대해 사전에 조언을 받는 것을 좋아한다.

평가체계는 복잡한 수식이 아닌 목표 대비 월별 결과물에 대해 확인하는 과정이 되어야 한다. 월별 수시로 부여되는 일들은 목표에 수명 과제로 등록되어 인정받아야 한다. 월별 업적과 역량 결과물의 평가가 누적되어 연말 업적과 역량 등급으로 결정되면 된다. 결과물에 대해 팀원들이 전체 모인 상태에서 주 또는 월별 발표를 하면 투명하게 된다. 결과물이 명확하고, 발표를 하고, 주 또는 월별 개별 면담을 통해 점검과 피드백을 보완하면 평가의 투명성은 보장된다. 사람의 역량 수준을 고려하여 공정하게 평가하기만 하면 된다. 복잡한 점수가 아닌 팀별 순서를 정하고, 이 순서를 고려하여 최종 평가자가 등급 가중치에 따라 등급을 결정하면 평가는 매우 단순해진다.

9.
OKR을 통해 본 성과 관리

OKR은 존 도어가 구글에 도입한 일하는 방식으로 조직이 강한 목표의식을 갖고 핵심 결과물을 달성하는 경영기법이다. OKR의 특징은 크게 다음과 같다.

첫째, OKR은 Objective Key Results의 약자로 3-3-3법칙이 적용된다. 이는 3개월에 3개의 목표와 각 목표별 3개의 핵심 결과물을 정하고 피드백 하는 방식이다.

둘째, 조직이 강한 목표의식을 갖고, 도전적으로 실행하며, 같은 생각을 바탕으로 긴밀히 소통하면 탄탄한 조직력을 갖출 수 있다는 사고에서 출발하여 성과 관리를 3단계로 구성되어 운영한다.

- 1단계 : 목표와 핵심결과물을 정함
- 2단계 : 실행
- 3단계 : 피드백

1단계 : 목표와 핵심결과물 정하기

3개월 동안 이루고 싶은 도전적인 목표 3가지를 정하고, 각

목표에 대해 최종적 결과물 3개씩을 정하는 것으로,

① **3개의 Objective**(목표) **정하기**

  – 기업과 본부의 목표, 팀의 R&R, 금년의 목표와의 연계

  – 목표 설정 미팅:

  리더가 생각하는 목표 vs 담당자가 생각하는 목표 토론

  – 3개의 목표 확정

② **3개의 Key Results**(핵심 결과물 지표) **정하기**

  – 3개의 목표에 대해 3개월 안에 팀이 얻을 수 있는 최종 결과물 지표를

  각 3개 정하기

구분	Objective	핵심 결과물 지표
R&D팀	글로벌 성장	글로벌 매출 1조 달성
		미국 매출 100% 달성
		유럽 5개국 진출

2단계 : 실행

12주 동안 3개의 목표를 실행하는 것으로 월간 3회, 주간 점검 12회를 통해 결과물을 창출해 내는 것

① **주별 점검**

통상 월, 금요일 실시한다. 월요일은 주 실행계획 점검으로 팀원별 각 3~5분 이내에 발표하고, 금요일은 대면보다는 비대면 방식의 주간 실적 및 계획으로 대체한다. 중간에 개인별, 프로젝트별 별도 짧은 미팅이나 메신저로 추진 현황을 점검하고

공유한다.

② 월별 점검

매월 마지막 주 월별 실적 및 계획 양식을 통해 실시한다. 매월 마지막 주 금요일에 월 실적(진척율) 및 계획, 잘한 점, 지원사항, 중간 결과물을 제출한다. 마지막 주 특정일에 월 성과를 개인 발표를 통해 공유한다. 매주 월요일 계획 공유, 월~금 추진, 금요일 점검을 지속적 추진한다.

3단계 : 피드백

주와 월 단위 목표의 진척과 성과를 점검하고 다음 단계의 OKR을 준비한다.

① 목표에 대한 진척율 관리와 기록

주, 월 점검을 통해 목표의 현황, 진척율을 분석하고 성공과 집중할 요인 분석을 한다.

주 단위 목표에 대한 진행 과정을 기록하고 매뉴얼화를 추진한다.

② 직원 피드백

직원 개개인의 목표에 대한 구체적 지도 및 코칭을 실시한다. 칭찬과 인정 등 비 금전적 보상과 금주의 Best/금월의 Best 시상을 추진한다. 우수자/저성과자에 대한 차별적 피드백을 추진하며, 월별 개별 피드백 미팅 및 3개월 차에는 클로징 미팅을 실시한다.

③ 새로운 3개월의 OKR 준비

다음 단계에 대한 직원에게 준비하라고 3개월 1주차에 공지한다. 새 목표와 결과물에 대한 미팅을 3개월 마지막 주에 실시한다.

OKR의 한국 기업 도입에 따른 유의사항

OKR은 성과 관리 툴로서 매우 영향력 있는 기법이다. 하지만 타 기업에서 성공했다고 우리 기업에도 그대로 적용될 수 있는 것은 아니다. 산업의 특성, 문화, 관행, 시스템과 제도, 무엇보다 CEO와 현장 책임자의 리더십과 조직과 구성원의 성숙도에 따라 도입된 제도가 성공할 수도 재앙이 될 수도 있다.

OKR의 강점은 크게 3가지이다. 목표로서 실행 과제의 도전적이며 명확화, 발표/ 점검/ 피드백의 과정 관리, 결과물 중심의 성과 창출이다. 주기가 3개월인데, 우리 기업은 1년의 주기임에도 목표 설정에 애로사항이 많다. 목표를 실행 과제로 해야 할 것인가? KPI(핵심 성과 지표)로 할 것인가 결정을 내리지 못한 기업도 많다. OKR은 주/월/분기마다 발표와 면담을 실시한다. 우리 기업의 인사 부서에서 현업 조직장에게 매주 발표와 면담을 하라고 하면 어떤 말이 나올까? 아마도 발표와 면담 때문에 일 못 한다는 불평이 쏟아질 것이다. 결과물이 무엇인지 평가 시기에 목표를 보고 실적을 맞추는 우리의 현실에서는 매주 결과물로 이야기를 나눈다는 것은 어불성설이다.

우리가 OKR에서 본받아야 할 내용이 있다. 목표는 실행 과제로 해야 한다는 점, 발표와 면담이 쉽지 않지만, 과정 관리를 제대로 하기 위해서는 발표와 면담이 가장 효과적인 방법이라는 점, 기업은 생존해야 하기 때문에 결국은 성과 중심의 결과물로 측정되어야 한다는 점이다.

Chapter 2

국내 기업의
평가 관련
7가지 딜레마

A그룹 인사팀장이 "그룹 평가제도를 개선하려고 하는데, 각 사 인사평가 담당자를 대상으로 1주일 후 그룹 인재개발원에서 평가 전반에 대한 강의를 부탁한다."는 긴급한 요청을 한다. 그룹 평가담당자와 끝장토론을 한다고 하는데 각 사마다 수준의 차이가 있어 이슈 중심으로 하나씩 설명해 달라고 한다. 평가 전반에 대한 이슈를 어떻게 선정할 것인가?

평가에 대한 7가지 평가의 이슈 및 이슈별 질문을 정리하였다.

1번째 이슈 : 절대평가와 상대평가

1) 상대평가로 할 것인가? 절대평가로 할 것인가?

2) 기업의 선택은 무엇인가?

2번째 이슈 : 업적과 역량평가의 비중

1) 1년에 평가를 몇 번 할 것인가? (연 1회, 연 2회, 연 4회 등)

2) 업적과 역량 평가 시기를 언제로 할 것인가? (12월 말, 6월/ 12월 말, 매 분기 말 등)

3) 평가등급을 몇 등급, 어떻게 나눌 것인가?

4) 등급별 가중치를 어떻게 가져갈 것인가? (예: A 20%, B 70%, C 10%)

3번째 이슈 : 피평가군의 구분

1) 피평가군을 어떻게 구분할 것인가?

2) 피평가군별 평가 어떻게 할 것인가?

4번째 이슈 : 평가자 구분과 역할

1) 평가자는 누구로 할 것인가? (1차 평가자, 2차 평가자, 3차 평가자)

2) 평가자별 점수의 비중은 어떻게 가져갈 것인가?(예: 1차 평가

자 70%, 2차 평가자 30% 등)

5번째 이슈 : 평가 관리 어떻게 할 것인가?

1) 평가자의 피평가자에 대한 평가 기록은 어느 수준으로 어

떻게 축적할 것인가?

2) 평가자가 피평가자에 대한 지도, 코칭 및 수정을 하고 있

는가 어떻게 점검할 것인가?

3) 평가에 대한 별도의 시스템을 구축하여 운영할 것인가?

운영한다면 상시 개방할 것인가?

6번째 이슈 : 평가 공정성 확보 방안

1) 평가결과를 누구에게 어느 수준으로 공개할 것인가?

2) 평가 불만 시, 이의 제도를 운영할 것인가?

3) 2등급 이상 차이 시, 소명 제도를 운영할 것인가?

4) 피평가자에 대한 목표설정과 과정 관리 등의 면담을 어떤

방식으로 운영하고 기록할 것인가?

5) 평가자에 대한 워닝 제도를 가져 갈 것인가?

7번째 이슈 : 평가 후 활용

1) 평가의 결과를 보상/승진/교육/이동/퇴직에 어떻게 연계

하여 운영할 것인가?

2) 각 사, 각 사업부별 평가 결과를 동일하게 적용할 것인가?

1.
절대 평가 vs 상대 평가

상대 평가는 구성원의 절대평가를 근거로 '전략적 인사관리'와 '한정된 자원의 배분'을 위해 조직 내에서의 상대 서열을 정해 평가하는 방법이다.

절대평가는 목표대비 업적의 달성 수준과 직급 대비 역량의 발휘 수준을 절대 기준에 따라 평가하는 방법이다.

분류 검토영역	상대 평가	절대 평가
기본 논리	선별, 사정	개발, 육성
정의	역량, 성과를 평가할 경우, 주로 조직 내 구성원 간의 비교에 의한 평가 방법	사전에 평가 기준을 명확히 설정하여 그 기준에 따라 평가하는 방법
장단점	- 평가 기준이 명확히 설정되어 있지 않을 경우에도 활용 가능 - 평가 항목, 내용 설계 시 많은 노력과 시간이 소요되지 않으므로 효율적임 - 현실적으로 조직 내 자신의 위치를 파악하는 데 도움 - 피평가자에게 피드백 시, 납득성에 갈등 소지가 있음	- 평가 기준에 의하여 일관되게 평가할 수 있기 때문에 납득성이 높음 - 피평가자에게 객관적 평가에 의해 장/단점을 피드백함으로써 의욕 및 자기계발을 유도 - 타당한 평가기준 설정이 쉽지 않음 평가항목 및 내용을 설정할 때, 시간과 노력이 많이 필요함 - 평가자의 수준 차이와 관대화로 보상 등 활용에 한계

주요 활용방식	– 100% 완전한 객관적 평가 기준을 설 정한다는 것은 쉽지 않으므로 절대 평가를 실시 후 보완하여 사용 – 제한된 자원을 배분하기 위해서는 서 열을 매길 수밖에 없음. (주로 보상/ 승진/ 선발형 육성의 기준으로 활용)	– 구성원에게 자신의 직급/직책에 맞는 모습이 무엇인지를 정확히 알려주기 때문에 피평가자에게 피드백을 통한 자기계발, 이동 배치에 활용할 수 있음

절대평가의 문제점이 무엇인가?

상대평가에서 절대평가로 전환한 A회사는 최근 1년 동안 고성과자 3명이 퇴직하는 상황이 발생하여 곤혹스럽다. 조직별로 설정한 목표에 따라 평가하고 보상하여 사기를 올리자고 도입한 취지와 달리, 목표는 낮게 설정하고, 높은 평가를 받아가기 때문이다. 회사는 적자 수준인데, 구성원 전체가 관대화 현상이 일어나 평가의 의미가 사라졌다.

- 전원이 A등급 이상을 받게 되어 직원의 인력 수준이 어느 정도이며,
- 누가 우수한 성과와 역량을 보유하고 있고,
- 어떤 일하는 방식을 갖고 있는지, 부족한 역량을 가진 직원이 누구인지 알 수가 없게 되었다.
- 제한된 보상과 승진 및 적재적소의 직무 순환도 가져가기도 어렵게 되었다.

절대평가하에서의 구성원의 수용도를 높이며 제대로 된 평가를 어떻게 해야 할까?

절대평가하에서의 평가 및 활용방안

결국 보상과 연계한다면, 절대평가의 등급 및 개념을 상대 배

절대평가 등급 및 개념(예)			
등급		등급정의	
		정성	정량
E	Exceed	목표(기대) 초과 달성	120% 이상
F	Fully Attain	목표(기대) 완전히 달성	110% 이상
G	as Good as	목표(기대) 달성	100% 이상
H	Hard Effort	추가 노력 필요	80% 이상
I	Innivation Needed	근본적 혁신 필요	80% 미만

절대등급과
상대등급의
개념 분리

상대 배분 등급 및 개념		
등급	등급의 정의	분포율
탁월	목표 이상에 도전 귀감이 될 성과	10%
우수	성과목표를 뛰어넘는 우수 성과	20%
만족	목표달성하여 기대만족	55%
개선	목표달성 미흡으로 개선 필요	10%
관리	지속성과창출 곤란하여 개선	5%

분의 등급과 개념과 비교하여 정할 수밖에 없다.

절대평가는 다 함께 힘을 합쳐 목표를 달성하는 것이 중요하다.

경쟁을 유발하여 높은 성과를 창출하려는 상대평가와는 다르게 절대평가는 다 함께 힘을 합쳐 주어진 목표수준을 달성하자는 팀워크가 중요하다. 공동의 목표, 팀 내의 협력 증진, 도전과제 도출 및 공동 작업, 자료의 창출과 공유, 팀내 학습조직 활동의 전개 등을 통한 팀 전체의 목표를 추가 달성하려는 노력을 해야 한다. 절대평가를 통해 성과 관리의 선순환이 이루어지도록 이끌어야 한다.

국내기업은 어떤 선택을 할 것인가?

절대평가는 상대평가에 비해 육성 측면에 좀 더 강점이 있고, 기준만 초과하면 모두가 높은 등급을 받을 수 있기 때문에 팀워크와 성과 창출에 보다 강점이 있다. 다만, 기준을 설정하기가 쉽지 않고, 관대화 영향으로 구성원의 평가 등급이 전부 보통 이상인 경우가 발생한다. 평가의 결과가 보상과 복리후생, 승진, 차별 교육, 이동 및 인력운영, 퇴직과 전부 연계되어 있기 때문에 관대화 된 평가결과를 가지고 그대로 적용할 수가 없는 상황이다.

결국 국내 기업들은 평가의 활용 측면에서 상대 등급화를 할 수밖에 없는 구조이다. 어떻게 상대평가의 단점을 보완하며 평가의 목적과 공정성을 가져갈 것인가? 하나의 방안으로 조직평가의 도입을 적극 권한다. 조직 평가 결과에 따라 소속 구성원의 평가 등급별 가중치를 달리 가져가는 방법이다. 예를 들어, 지금까지 일반적인 상대 평가의 평가 등급별 가중치가 S등급 10%, A등급 20%, B등급 50%, C등급 15%, D등급 5%이었다. 조직 평가가 상위 10%인 조직은 S등급 30%, A등급 60%, B등급 10%로 가중치를 올리는 방법이다. 정반대로 하위 10%의 조직에 대해서는 S, A등급은 없고, B등급 30%, C등급 40%, D등급 30%로 하는 방법이다.

절대평가, 상대평가 전부 문제점을 가지고 있다. 사업의 특성, 기업의 문화, CEO의 철학과 원칙, 구성원의 성숙도 등을 고려하여 결정해야 한다. 피평가자는 자신의 평가에 대해 절대평가 방식을 택하고, 평가자는 공정하고 투명한 방법으로 조직 평가를 고려하여 상대평가가 우리 기업에게는 좀 더 부합되지 않을까 생각한다.

2.
업적 평가와 역량 평가의 비중을 어떻게 가져갈 것인가?

평가의 목적이 조직과 구성원의 육성과 회사의 지속 성장을 위한 성과창출에 있다면, 조직과 구성원의 육성을 점검하고 평가하는 것이 역량 평가이고, 일의 과정이나 성과 창출을 평가하는 것이 업적 평가이다. 기업에 따라 업적과 역량 평가를 통합해서 운영하기도 하고, 분리해서 하기도 한다.

업적 평가 및 역량 평가와 관련하여 고려해야 할 착안점은 다음과 같다.
1) 업적 평가와 역량 평가의 시기를 구분할 것인가? 동일 기간에 통합 실시할 것인가?
2) 업적과 역량 평가의 진행 방법
3) 업적과 역량 평가 결과의 가중치 부여와 활용

업적 평가와 역량 평가의 시기를 구분할 것인가? 통합할 것인가?
국내 많은 기업들이 1년에 한 번 평가를 실시한다. 2개의 큰 흐름이 있다. 하나는 업적 평가와 역량 평가를 동시에 실시하는 방안이다. 평가를 하는데, 업적과 역량을 구분하여 갈등과 혼란, 시간과 노력 낭비를 할 필요가 없다는 생각이다. 평가의 효율성을 강조하지만, 업적 평가의 결과에 따라 역량 평가가 종속된다는 큰 단점이 있다. 업적이 좋으면 역량도 좋다고 판단한다. 실제 업적 평가 상위 30% 인력의 역량 평가를 보면 상위 30%일 것이다. 업적 하위 10% 인력의 역량 평가 결과 역시 하위 10%일 것이다. 이러한 폐단을 없애기 위해 업적과 역량 평가를 분리해서 실시하는 기업도 있다. 예를 들어 역량 평가는 10월에 실시하고, 업적 평가는 12월에 실시하는 경우이다.

다른 하나는 역량 평가를 업적 평가와 통합하여 사실상 하지 않는 경우이다. 굳이 목표도 과정 관리도 기록도 없는 역량평가를 하기보다는 업적평가를 하면서 인성과 근무 자세를 평가 항목에 넣어 살펴보는 식으로 진행하기도 한다.

업적과 역량 평가 어떻게 진행하는가?

업적 평가는 대부분 기업들이 목표에 의한 방식, KPI 중심, 주 단위 업적 실적과 계획 작성 등으로 진행한다. 연말에 목표에 대한 실적 중심으로 평가군을 나눠 실시한다. 업적 평가는 대부분 목표에 대한 실적이 평가의 기준이 된다. 피평가자는 자신의 업적 평가에서 좋은 등급과 점수를 받기 위해 업적 실적을 정리하여 평가자에게 설명한다. 평가자의 업적 평가는 기록에 의한 공정하고 투명한 평가를 실시하려고 노력한다.

역량평가는 평가 대상자에 따라 항목이 다르다. 직책자일 경우, 리더십 역량/직무역량/공통 가치역량으로 구분된다. 회사에 따라서는 직책자에게 직무역량 또는 공통 가치 역량을 포함하지 않는 경우가 있다. 팀원의 경우에는 직무 역량과 공통 가치 역량을 중심으로 평가를 실시한다. 실시 방법은 연말에 역량평가 심사표의 각 영역과 항목별 자기 평가, 1차 평가, 2차 평가 순으로 진행된다. 역량 평가의 영역과 항목들이 현재 직무를 수행하는 직원들의 역량과 부합되지 않는다. 직책자가 되어야 할 직원에게는 직책자가 되었을 때 갖춰야 할 리더십 역량을 사전에 가르쳐야 한다. 하지만, 그런 내용은 전혀 없다. 직무 역량도 마찬가지이다. 현재 하고 있는 직무의 단계가 정해져 있는 상태에서 본인이 어느 수준인가 알 수 있어야 한다. 직무 수준을 알지 못하니, 주먹구구식의 직무 평가를 할 수밖에 없다. 공통 가치 역량은 전적으로 평가자의 판단이다. 상황이 이렇기 때문에 역량평가 폐지론이 나오는 실정이다. 역량 평가도 업적평가처럼 피평가자의 직급이나 수준에 따라 목표를 정하고 과정 관리를 해줘야 한다. 실적에 의한 역량 평가가 되어야 한다.

업적과 역량 평가 결과의 활용

업적과 역량 평가의 결과가 나오면 이를 활용하는 방법은 크게 2가지이다. 하나는 업적과 역량 평가에 가중치를 부여하여 종합평가를 만드는 방법이다. 결국, 종합 평가를 가지고 활용을 하는 방법이다. 다른 하나는 업적과 역량 평가 결과를 활용 대상에 따라 구분하여 활용하는 방법이다.

가중치를 부여하는 방법은 피평가자에 따라 가중치가 달라진다. 예를 들어 피평가자가 임원이라면, 업적 가중치가 10이고, 역량가중치는 0이다. 역량 평가는 단지 참고자료로 활용한다. 피평가자가 사원직급이라면 업적과 역량 평가의 가중치가 5:5 동등하게 부여될 수 있다. 업적 성과를 내기 보다는 역량을 강화해야 할 시점이라고 보는 관점이다.

업적과 역량의 가중치는 업적 비중이 높은 것이 바람직하다. 역량 평가 방법의 모호성과 성과 중심의 사고가 반영된 결과이다.

업적과 역량 평가 결과를 활용 대상에 따라 다르게 사용하는 방법이 보다 합리적이다. 보상이라면 업적 평가 비중이 훨씬 높게 반영되어야 한다. 하지만, 승진의 경우에는 업적도 중요하지만, 역량의 비중을 보상에 반영 비중보다는 높게 가져가는 것이 옳다. 인재육성이라면 역량 평가의 결과가 높게 반영되어야 한다. 활용 대상, 피평가자의 직급이나 성숙도에 따라 업적과 역량 평가의 결과를 차별적으로 운용하는 방향으로 가는 것이 보다 합리적이다.

3.
피평가군의 설정 어떻게 할 것인가?

중소기업 성과 관리 강의할 때마다 듣는 질문은 평가군 관련 사항이다. 팀별 3~5명이고, 직급도 사원부터 부장까지 다양한데, 팀별 평가를 하면 직급, 근속, 역량이 다른데 어떻게 평가하는 것이 옳은가? 피평가자의 차이가 큰데 함께 평가하는 것이 옳은가? 팀원과 팀장은 역할이 다른데, 임원 밑에 팀장이 1~3명밖에 되지 않아 팀원과 함께 평가할 수밖에 없다고 한다.

대기업의 경우 평가군은 크게 4분류를 한다.

첫째, 임원 평가군이다. 임원은 목표 대비 월별 업적 실적을 정리하여 제출하고, 반기별 주관 부서의 실사로 1차 자료를 취합 정리하고, CEO가 최종 평가를 한다.

둘째, 팀장 평가군이다. 팀장은 업적과 역량 평가를 실시한다. 평가 시기는 팀원과 동일하게 진행하는 회사가 대부분이며, 분기별로 본부장 주관하에 성과 공유회를 실시하는 회사도 있다. 목표인 사업 계획에 따라 분기별 실적과 계획을 중심으로 평가가 이루어진다. 1차 평가는 실장이나 본부장이 실시하고,

2차 평가는 CEO가 실시해 최종 확정된다.

셋째, 팀원 1군으로 과장에서 부장이다. 업적과 역량 평가를 실시하며, 1차 평가자가 목표 대비 점검과 피드백을 얼마나 자주 해 주느냐에 따라 획기적 변화가 일어나기도 한다.

넷째, 팀원 2군이다. 대리 이하의 직급이다. 회사에 대해 알아가며, 주도적으로 제 몫 이상의 성과 창출을 기대하는 시기이다. 업적과 역량 평가를 실시하고, 평가 1군과는 다소 차이가 있는 점은 업적도 중요하지만 성과 창출을 위한 마음가짐과 자세인 역량 향상이 더 중요한 시기이다.

최근 국내 대기업은 직급 단순화가 추진되어 팀원의 경우, 3직급 이하로 되어있다. 직급에 따른 평가를 하면 되지만, 중소기업은 평가 대상자가 적어 곤란한 경우가 많다. 결국 본부 중심의 평가군으로 운영되어야 한다.

평가군을 설정했다고 마무리되는 것은 아니다

평가군을 4분류했다고 해도, 분류한 평가군별 인원이 적거나 직무가 전혀 달라 변별력이 낮다면 평가군 설정보다 평가 그 자체의 공정성과 투명성을 확보하는 것이 큰 이슈이다.

평가군 설정은 가능한 동일 직급을 대상으로 평가의 공정성을 올리기 위해 실시한다. 평가군 설정이 무의미하다면, 성과 공유회와 매월 업적과 역량 목표 대비 실적과 계획을 발표하고 면담을 정례화하는 것이 중요하다. 발표를 통해 업적과 역량을 살피고 평가하는 것이 바람직하다.

평가군 설정의 또 하나의 모순은 팀장이다. 직급은 과장인데, 직책이 팀장인 경우가 있다. 평가군은 팀장 평가군이지만, 평가 결과를 적용 받는 것은 과장 직급인 경우가 있다. 대부분의 팀장이 부장인 회사에서 과장급 팀장은 팀의 규모가 크지 않거나, 영향력이 높지 않는 상황이 많다. 아니면 과장의 역량이나 성과가 출중하여 팀장으로 발탁 승진을 한 경우이다. 팀원인 과장으로 있다면, 가장 높은 등급인 S등급을 받을 수 있지만, 팀장으로 평가를 받으면 낮은 등급이 될 가능성도 있다. 팀장으로 낮은 등급을 받았는데, 성과급이나 모든 적용이 과장이라는 직급으로 적용된다면 팀장이 되어 혜택이 줄어드는 상황이 된다. 팀장 평가군으로 할 경우에는 팀장에 맞는 인사제도를 운영하는 것이 바람직하다.

4.
평가 체계와 1, 2차 평가자의 비중과 역할을 어떻게 구분할 것인가?

기업의 평가 체계

통상 평가는 업적과 역량 평가로 구분한다. 업적 평가는 일 관련 실행 과제에 대한 계획과 실적으로 평가한다. 역량은 일에 임하는 마음가짐인 가치 역량, 직무를 수행하는 지식과 기술 능력인 직무 역량, 리더라면 조직과 구성원을 통솔하는 리더십 역량으로 구분된다.

평가 체계라 함은 평가에 대한 제도의 틀을 만드는 것이다.

고려해야 할 영역들이 많다.

첫째, 평가의 유형을 정하는 것으로 대부분 기업들은 업적과 역량 평가로 구분한다. 여기에 다면 평가를 포함하는 기업들도 많다.

둘째, 평가의 시기와 프로세스이다. 많은 기업이 1년에 한번 실시를 하며, 반기 나아가 분기 단위로 하는 기업도 있다. 프로세스는 1월 목표 설정, 월별 또는 분기별 과정 관리, 12월 평가를 실시한다. 업적 평가와 역량 평가 시기를 구분해 실시하는 회사도 있다.

셋째, 평가자와 피평가자의 구분이다. 통상 평가자는 1, 2차 평가자로 가져간다. 일부 소규모 공기업과 중소기업은 CEO가 전 임직원의 최종 평가를 실시하는 곳도 있다. 피평가자는 회사의 규모와 인력에 따라 다르지만, 대부분 임원군, 팀장군, 팀원 1군, 팀원 2군으로 나눈다. 최근 팀원 대상의 직급 단순화가 추진되며, 팀원 직군에 따라 평가군을 정하는 것이 합리적이다.

넷째, 평가의 등급과 가중치이다. 3등급, 5등급, 7등급 체계가 있지만, 가장 무난한 것이 5등급 체계이다. 가중치는 중앙 등급의 비중이 절반 이상이며, 대부분 정규분포를 가져간다.

다섯째, 평가 공정성 확보를 위한 제반 제도이다. 회사의 특성과 조직과 구성원의 성숙도에 따라 경영층 선택의 이슈이다. 평가 이의제기 제도, S등급 공적서 심사, 평가 위원회 운영 등 다양한 공정성 확보 방안이 있다.

1, 2차 평가자의 역할과 비중

평가 등급이 본인이 기대했던 수준보다 낮게 확정된 팀원이 팀장에게 불만을 토로한다. 자신은 팀장이 지시한 내용을 완벽하게 수행했을 뿐 아니라, 주도적으로 개선 과제를 도출해 성과를 많이 높였음에도 왜 B등급밖에 되지 않느냐는 불만이다.

팀장 입장에서 팀원의 주 또는 월별 업적과 역량에 대한 실적, 향후 계획, 잘한 점, 애로 사항에 대한 조치 등의 자료가 축적되어 있다면 가벼운 면담이 될 수 있다. 하지만, 팀장 중 누가 팀원에 대한 월별 실적이나 잘한 점의 자료를 가지고 있겠는가? 자료나 기억이 그다지 많지 않은 상황에서 팀장이 하는 변명은 대부분 비슷하다. "나는 팀에 많은 기여를 한 A팀원에게 높은 평가를 하였지만, 상사가 매우 낮은 평가를 했기 때문에 어쩔 수 없다"고 한다. 1차 평가자와 2차 평가자의 합이 본인의 평가이다. 1차 평가자는 잘했다고 하고, 거리감이 있는 2차 평가자의 평가 결과가 안 좋다면 최종 평가는 기대보다 낮은 수준이 된다. 팀원의 불만은 공정하지 않다고 생각하는 것도 있지만, 자신의 생각과 차이가 큰 것에 대한 불만이다. 1차 평가자가 월별 실적과 일에 임하는 마음가짐과 직무 역량에 대한 최소 월별 명확한 점검과 피드백을 해줘야 한다. 최소한 월별 면담만 실시하면, 팀원은 불만을 하지 않다.

팀원 평가 시, 1차 평가자와 2차 평가자는 어떤 역할을 해야 하며, 가중치를 정한다면 그 비중을 어떻게 가져가는 것이 옳을까?

많은 기업들은 1차 평가자가 일을 지시하고 관찰과 점검을 하며, 일이 성과를 내기 위해 동기부여 및 지도를 하기 때문에 평가 비중이 2차 평가자에 비해 높아야 한다고 생각한다. 통상 1차 평가자가 70% 수준이며, 2차 평가자는 30% 수준이다. 회사에 따라서는 다면 평가 비중을 포함하기도 하고, 3차 평가자의 비중을 넣기도 한다.

가중치에 의한 평가가 아닌 순서와 등급 결정의 역할에 따른 평가도 있다. 인원이 적어 피평가자의 모수가 안 되는 경우, 1 차 평가자는 피평가자의 평가를 순서만 정한다. 2차 평가자는 순서를 바꾸지 못하는 상황에서 전체 인력의 등급을 정하는 방식이다.

A회사는 1차 평가자가 등급까지 다 결정하고, 2차 평가자가 백지 상태에서 본인이 정하는 것이 최종 결정이 되게 하는 방식을 취한다. 최종 평가자의 권한과 책임을 확고하게 가져가게 하는 방법이다.

무슨 방식이 더 바람직한 것인가는 장단점이 있기 때문에 인사 부서와 최고 경영층의 몫이다. 인원이 적은 조직에서는 순서와 등급으로 결정하는 방식 또는 2차 평가자가 책임지는 방식도 의미 있다고 생각한다.

5.
평가 관리,
어떻게 할 것인가?

등급이 정해져 있어요

평가 시즌이다. 인사팀은 모든 팀장에게 12월 말까지 팀원들 평가 점수와 등급, 종합 관찰 사항을 전산에 입력하라고 업무 연락을 보냈다. 팀장이 항목별 점수만 입력하면 자동으로 등급을 결정해 준다. 종합 관찰 사항은 최소 200자 이상 작성하라고 했지만, 구체적으로 장점과 보완점을 작성하는 조직장은 없다. 심한 경우, 팀원들이 본다는 생각 때문인지 "수고하셨다", "내년에도 열심히 하세요" 등 한 줄 짧은 문장으로 입력한다.

팀원들 평가 내용을 보면, 월별 업적과 역량 실적이 없다. 무엇을 잘했는지 알 수 있는 방법이 없다. 개인 목표 항목별 무슨 일을 어떻게 했다는 내용은 없고 그냥 점수와 등급만 있다. 자기 평가란이 있는데, 팀원들은 거의 대부분 90점 이상 점수와 S 또는 A등급밖에 없다. 가장 심한 경우는 역량과 성과가 가장 떨어지고 팀에 부담만 되는 직원도 작년보다 많이 개선되었다고 전부 A등급이다.

작년에 승급을 한 A과장은 올해 평가 등급에 대해 기대를 하지 않는다. 선배 과장의 차장 승급, 부장의 팀장 승진이 있는 해이기 때문에 6명의 팀원 중 자신의 평가는 잘 받으면 B라고 포기했다. 사실 팀의 일상 업무는 A과장이 도맡아 처리한다. 그렇다고 중요한 일을 하지 않는 것은 아니다. A과장은 거래처 관리가 담당 직무인데, 올해 3천 개 이상의 거래처를 등급별 거래량, 재고량, 회사 신용등급 등으로 점수화하여 5등급으로 분류하고 관리했다. S등급의 거래처에 대해서는 명절 선물과 직접 편지를 작성하여 감사 인사를 하는 등 거래처 관리의 독보적 성과를 냈다. 팀장이 A과장을 부른다. A과장이 했던 많은 일들을 알고 있다고 하면서, 팀장 승진과 차장 승급은 해야 하지 않겠느냐며 서운하더라도 이해하라는 부탁을 한다. A과장은 충분히 이해한다고 말은 했지만, 공정하지 않은 평가 결과에 대해 매우 실망과 불만스러웠다. 헤드헌터로부터 연봉 천만 원 인상에 차장으로 추천 전화가 왔다. 예전에는 그 자리에서 거절했는데, 알았다고 한 후 이력서를 작성하는 자신을 본다.

평가 관리 어떻게 하는가?

기록에 의한 공정하고 투명한 평가가 되어야 한다. 만약 팀장이 팀원을 평가함에 있어, 팀원의 업적과 역량에 대한 그 어떠한 자료도 없이 머릿속에 있는 기억으로만 평가를 한다면 어떤 평가가 될 것인가?

평가자 교육을 진행하며 팀장들에게 4가지 자료를 평가 전까지 모든 팀원들에게 별도로 작성하도록 하라고 요청했다.

① 목표 대비 월 업적 결과물, 목표 이외의 월 업적 결과물

② 월별 역량 향상을 위해 노력한 점과 그 결과물

③ 월별 잘한 점 3가지

④ 금년도 일하면서 애로사항, 건의사항, 내년 지원 요청 사항

상기 4개 항목의 구체적 내용을 반드시 빠짐 없이 제출 받고 전 팀원이 참석한 가운데, 상기 4가지 자료에 대한 발표를 반드시 진행하라고 했다. 이후 개별 면담을 실시한 후 평가를 실시하라고 했다. 만약 자료를 제출하지 않거나, 발표를 하지 않은 팀원에 대해서는 보통 이하의 평가를 실시하라고 했다.

평가는 기록을 갖고 해야만 한다. 가장 좋은 기록은 각 개개인이 작성하는 주간 업무 실적과 계획이다. 주간 업무 실적과 계획은 목표인 업무 실행 과제 및 역량 육성 과제 중심으로 각자가 작성하도록 해야 한다.

최소한 월별 업적, 역량에 대해 팀원 모두가 모여 발표를 실시하고, 개별 면담을 해야 한다. 팀원들 전체 발표를 통해 공유와 협업을 이끌어 내고, 개별 면담을 통해 집중해야 할 일과 역량에 대해 피드백을 해 주면 평가에 대한 공정성과 투명성은 확보된다.

사실 팀원들은 팀의 목표와 성과에 대해 알지 못한다. 매월

팀 성과 발표회 마무리에 팀장이 팀의 목표와 진행 내용과 진척율에 대해 설명하고, 다음 달 집중 실행 과제에 대해 간략하게 강조하면 팀원들은 자신이 하는 일의 팀 성과 기여 정도를 알 수 있다.

팀장은 월별 팀원의 발표, 개별 면담을 하면서 업적과 역량의 실적을 점검하고, 이를 기반으로 평가를 하면 팀원들도 발표와 면담에 더욱 관심과 노력을 하며, 이러한 과정이 지속되면 신뢰하게 된다.

평가에 대한 기록 관리는 개인별 파일을 만들어 조직장이 개인 관리를 하는 것도 한 방법이다. 하지만, 이는 소통과 공유의 측면에서는 어려움이 많다. 이보다 회사의 규모가 어느 정도 된다면 평가 시스템을 만들어 월별 점검과 피드백 내용을 기록 저장해야 한다. 월별 일에 임하는 마음가짐이나 일하는 방식에 대한 관찰 내용, 공통 가치에 대한 실행 사례 등을 적고 월별 관찰사항을 기재해야 한다. 이러한 내용은 본인에게 공개되어 역량 강화와 보다 높은 수준의 성과 창출의 수단이 되어야 한다.

평가에 대한 기록은 e-hr에 입력하여 조직장과 팀원이 볼 수 있도록 해야 한다. 월 단위의 점검과 피드백 내용이 담겨 있어야 한다. 조직장의 팀원에 대한 관찰사항이 기록되어 팀원들이 자신의 현 수준을 알고 역량과 성과를 올리는 데 기여해야 한다.

사실, 평가의 불공정, 불만의 대부분은 나는 열심히 했는데,

팀장이 알지 못하거나 알아주지 않는다에서 비롯한다. 주기적 발표와 면담만 철저히 하고 기록에 의한 평가를 한다면, 이러한 불공정과 불만은 대부분 사라진다.

6.
평가의 공정성 어떻게 가져갈 것인가?

내 평가 결과도 모르는데 무슨 공정성입니까?

A기업 평가자 교육을 수락하고 당일 A기업이 있는 지방에 일찍 출발했다. 상큼한 가을 날씨와는 정반대로 참석한 팀장들의 모습은 무관심이다. 강의 시간이 되었는데, 절반 가까이 참석하지 않아 10분 늦게 진행되었다. 당초 2시간 예정되어 있었는데 표정도 없고 집중하는 모습이 없다. 평가를 하는 목적을 질문했으나 대답이 없다. 담당자에게 A4지를 달라고 해서 2가지 질문을 작성하게 했다. ① 왜 직원들은 평가가 공정하지 않고 투명하지 않다고 생각하는가? ② 평가자로서 평가를 하는데 힘든 점이 있다면 무엇인가?

첫 질문에 가장 많은 답변을 쓴 것은 '본인이 자기 평가 등급을 모르는데 공정하다고 말하는 직원은 없다'였다. 조금은 황당했지만, 전체도 아닌 본인의 평가 점수와 등급을 왜 알려주지 않냐고 물었다. 지금까지 관행이었다고 하면서, 평가 결과를 알면 불만이 생기고, 팀을 관리하기 어렵기 때문이라고 한다.

두번째 질문의 답변은 '모두 다 열심히 일했는데, 누구는 높은 평가, 누구는 낮은 평가를 해야 하는 서열 매기기가 가장 어렵다' 고 한다. A기업은 상대평가를 실시하고 그 결과에 따라 성과급을 차등 지급한다. 문제는 평가 등급과 가중치가 정규 분포이다 보니, 보통을 기준으로 높은 등급을 받은 직원의 더 많이 받는 성과급은 낮은 등급을 받은 직원이 덜 받은 금액이라는 생각이 강하다. 내가 받을 것을 빼앗겼다는 생각이 강했다. 현실이 이러니 팀장으로서는 누구를 높게, 누구를 낮게 주는 것이 부담이 될 수밖에 없었다.

결국, 왜 직원들이 평가가 공정하지도 투명하지도 않다고 이야기하는가 알 수 있었다.

평가가 모든 직원을 만족시킬 수 없다. 하지만, 평가를 통해 조직과 직원을 성장하게 하고, 회사가 지속적으로 성과를 창출하게 하기 위해 꼭 필요한 3가지 요소가 있다. 바로 목표의 설정과 조정, 발표 점검 피드백 면담을 통한 과정 관리, 기록에 의한 공정하고 투명한 평가이다. 이 3가지 요소를 제대로 잘한다면 조직과 구성원의 갈등은 많이 감소되게 된다.

평가가 공정하지 않은 이유는 무엇인가?

임직원에게 평가의 문제점이 무엇이며, 왜 공정하지 않느냐고 물으면 무엇이라고 답하겠는가?

첫째, 평가의 가장 큰 문제이며 공정하지 않다고 생각하는 이유는 면담이다. 면담 자체를 하지 않거나, 부적절하고 불충분한 점검과 피드백을 하는 경우이다. 면담을 마치고 나오면서 '이런 형식적인 면담을 왜 해?' 라고 생각하게 한다면 하지 않은 것보다 못하다. 구성원은 자신의 업적과 역량에 대해, 별도의 장소에서, 사실 중심으로 피드백 받기를 원한다. 일방적인 지적 중심의 이야기가 아닌 자신이 하고 싶은 말을 자유롭게 이야기하고 자신의 말에 불이익이 없기를 희망한다.

둘째, 성과 기준의 부재이다. 목표와 측정 지표, 실행 계획, 평가 항목과 등급 및 가중치 등이 명확하게 설정되어 있지 않는다. 조직장의 정성적 판단이 전부인 경우이다. 조직장들은 '딱 보면 안다'고 말한다. 내성적으로 묵묵히 성실하게 자신의 일을 다하는 팀원이 평가에서 손해보는 일이 발생한다.

셋째, 성과 따로 보상 따로의 제도 운영과 문화이다. '성과 있는 곳에 보상이 있어야 한다'는 원칙이 지켜져야 하지만, 성과는 적은데 보상이 크거나, 성과를 고려하지 않고 승진할 사람에게 평가를 좋게 주는 등의 상황 논리가 적용되는 경우이다.

넷째, 평가가 업적 향상 목적만 존재하고 육성과는 무관하게 이루어지는 경우이다. 육성의 관점인 역량 평가는 목표도 과정 관리도 없다. 연말에 역량 심사표 한 장에 체크한 것이 역량 평가이다. 이 결과는 본인의 역량과 큰 차이가 있다. 평가를 위한 평가에 구성원은 등을 돌리게 된다.

다섯째, 기록이 없다. 평가자가 기록에 의한 평가를 해야 하는 것은 기본이다. 하지만, 평가를 하는 조직장이 구성원에 대한 목표 대비 월별 업적과 역량 실적, 잘한 점, 보완 사항에 대한 구체적 기록이 없다. 있다면 머릿속에 있는 기억뿐이다. 어떻게 공정한 평가를 했다고 주장할 수 있겠는가?

평가의 공정성을 높이는 방법

평가의 공정성은 평가자만의 문제가 아니다. 근본적으로 평가제도부터 문화적 측면까지 전반적으로 원인을 찾고 개선해 가야 한다. 평가의 목적이 가장 중요하다. 왜 평가하는가? 평가의 진정한 목적은 조직과 구성원의 성장과 회사가 지속 성장하기 위한 성과창출에 있다. 성장과 성과 창출을 이외의 다른 목적은 본질이 아닌 부수적 목적일 뿐이다.

어떻게 하면 평가의 본질적 목적인 조직과 구성원의 성장과 회사의 성과창출을 이끌고, 전 임직원에게 우리 회사의 평가는 공정하고 투명해 당연히 수용한다고 말하게 하겠는가? 상대평가를 하고 있는 이상, 이러한 인식을 갖게 하는 것은 쉽지 않다. 사람들은 자기 자신에 대해서는 관대화 현상이 존재한다. 자신의 일이 가장 중요하고, 자신의 성과가 가장 높고, 자신은 기대 이상의 조직과 사람에게 헌신하고 있다고 생각한다. 그러므로 평가에서 자신은 우수한 점수와 등급을 받고 이에 따라 높은 보상을 받아야 한다고 생각한다. 자신의 생각보다 낮은 점수와 등급을 받으면 화가 나는 이유이기도 하다. 그렇다면 조직장이 차이에 대해 듣고 구체적 설명을 해주면 좋으련만 이렇게 하는 조직장은 그리 많지 않다. 평가 결과에 불만이 생길 수밖에 없는 상황이다.

평가 무용론이 아닌 성장과 성과 창출의 평가가 되기 위해 고려해야 할 요인이다.

① 평가제도의 개선이다. 조직 평가가 개인 평가에 영향을 주도록 제도를 개선해야 한다. 100개 팀 중 1등을 했다면 팀원 전체의 목표 대비 성과는 전부 탁월할 것이다. 조직 평가를 개인 평가 가중치에 반영하는 것이다. S등급 60%, A등급 40%로 가져가면 불만은 매우 적을 것이다.

② 주 또는 최소 월 단위 팀원들을 모아 목표 대비 업적과 역량 결과물, 다음 계획에 대한 발표를 한 후 면담을 하는 것이다.

③ 구성원에게 본인의 평가 결과와 평가자의 평가 의견을 공개하는 것이다. 본인이 어떤 평가를 받고 무엇이 강점이고 보완점인가를 알고 스스로 강화 내지는 보완 방안을 모색하도록 해야 한다

④ 인사 위원회를 통한 최종 조정과 확정이다. 조직별, 개인별 전체 리뷰를 하고 확정을 한 후 조직장에게 먼저 결과 통보하고 전체 구성원에게 개별 공개이다.

⑤ 전년 대비 2등급 차 발생시 평가자가 반드시 사유서를 작성하게 한다.

⑥ S등급은 공적서, C등급은 사유서를 작성하여 제출한다.

⑦ 평가자 워닝제도의 운영이다. 누적 3회 워닝을 받으면 보직 해임하는 제도로 워닝의 항목을 정하는 것이 중요하다.

⑧ 구성원이 평가에 불만이 있을 시, 이의를 제기하는 평가이의제도의 운영이다.

⑨ 평가 결과의 활용 강화로 평가 결과가 보상과 승진, 차별적 인재육성, 퇴

직과 구체적으로 연계되도록 하는 것이다.

⑩ 이외에 다면 평가와 자기 평가 제도를 생각할 수 있는데, 다면 평가는 조
직과 구성원의 성숙도에 따라 큰 차이가 있다. 평가보다는 육성 차원으로
만 진행하고 실행에 신중을 기해야 한다. 자기 평가도 하긴 하지만, 평가
에 반영하지 않고 참고용으로 활용하는 것이 바람직하다. 관대화 이슈가
있기 때문이다.

7.
평가 결과의 활용

성과는 내가 더 냈는데, 보상은 적다?

　제조업 생산직으로 근무하는 A씨는 입사 3년차이다. 생산 현장의 대부분 공정에 대해 이해 수준이 높고, 항상 적극적이고 집요한 성격으로 많은 현장의 문제를 해결했다. 공장 내 가장 많은 제안을 했고, A씨가 개선한 과제를 정리한 매뉴얼만 10개가 넘었다. 항상 웃는 얼굴에 사람들과 친화력도 강하고 겸손해서 입사 2년차부터 공장에서 가장 높은 평가 등급을 받았고, 2년 연속 공로상을 수상하였다. A씨의 연봉은 S등급 성과급을 받았지만, 약 3,500만 원 수준이었다. 같은 공정의 35년차 선배는 자신에게 주어진 일만 하는 수준이고, 출퇴근 시간을 확실하게 지킨다. 항상 평가에서 B등급을 받지만 연봉은 1억 원이 넘는다. 성과는 A씨가 높지만 보상은 3배 수준이다.

　입사 동기인 B씨와 C씨는 동일한 연봉을 받는다. 회사는 평가제도를 통해 등급이 높은 직원과 낮은 직원의 성과급 차이를 두고 있지만, 연봉의 1/100 수준도 안 된다. 동일 직위에서 성과가 높은 직원이 가장 낮은 직원에 비해 50만 원 정도 더 받는 상황이다. B씨는 R&D 부서로 배치되어 여러 프로젝트를 개발하였다. 현재 회사의 주력 사업의 절반 이상은 B씨가 개발한 신상품이다. 매년 2건 이상 신제품을 개발했는데, 작년 1건 개발했다고 평가 등급이 B가 되었다. 반면 C씨는 고객 서비스 부서로 배치되었다. 하루 종일 고객 전화를 받고, 가끔 직접 현장에 가서 고객의 소리를 모니터링한다. 수많은 고객들의 불평 불만에 응해야 하고, 가끔 막말과 상처 주는 말을 들어야 한다. 작년 서비스 공로상을 받았고 평가 등급도 S가 되었다. 입사 5년차인 B씨와 C씨의 연봉은 차이가 없지만, 평가 등급 차이로 인해 C씨가 40만 원 정도 더 높았다. 지난 주 B씨는 현 연봉의 2배이상과 과장 직위를 보장하겠다는 헤드헌터의 전화를 받았다.

D팀장의 직위는 과장이다. 과장이지만, 성실하고 창의성이 높으며 업적이 높기 때문에 팀장으로 발탁 승진되었다. 팀내 차부장도 있지만, D팀장은 따뜻한 리더십으로 큰 무리 없이 팀을 잘 이끌었다. 팀장이 되고 첫해 평가 등급은 B등급이었다. 팀장군으로 평가받은 첫 해이고, 팀장 중에서 가장 직위가 낮았기 때문에 D팀장은 평가 결과를 인정하였다. 문제는 과장의 보상체계를 적용 받아 팀장임에도 불구하고 같은 B등급을 받은 팀의 차장과 부장에 비해 연봉 수준이 많이 떨어졌다. 팀원으로 있으면 S등급을 받아 연봉이 많이 높아지는데, 팀장이 되어 B등급을 받아 고생과 책임은 많아지고 연봉은 떨어지는 상황이 된 것이다. D팀장은 CEO에게 팀원으로 보직해임을 요청하였다.

성과 있는 곳에 보상이 있기 위해서는 어떻게 할 것인가?

근속년수가 오를수록 급여가 오르는 호봉제 상황에서는 1년 차와 30년 차의 연봉은 거의 2.5~3배 수준이 된다. 물론 30년 차가 1년차에 비해 회사 기여도와 생산성이 3배 이상이면 논란의 여지가 적다. 하지만, 현실은 그렇지 않다. 조직장에게 '어느 직원과 근무하길 원하는가?' 물으면 대부분 젊은 직원들과 근무하기를 희망한다.

사람이 중심인 평생직장의 시대에서는 한번 입사한 직원들의 회사와 직무에 대한 충성심이 성과의 큰 원동력이었다. 한 직장에서 여러 직무를 수행하면서 전체를 보며 의사결정을 하고 업무를 수행한다. 생산 현장의 처음부터 끝까지 밸류체인에 대해 해박한 지식과 경험을 갖고, 문제가 발생시 해결 역량이 높다. 자신이 속한 조직과 직무에 대한 충성심이 강해, 회사가 위기 상황에 한 마음이 되어 위기를 헤쳐 나간다. 이들은 회사와 자신을 동일시하며 자신의 젊음을 다 바친 곳이 회사라는 말을 서슴없이 한다. 회사가 가서 근무하라고 하면, 처음 하는 직무이지만, 불만 없이 가서 묵묵히 배워가며 수행한다.

시대가 바뀌어 가고 있다. 더 이상 이런 저런 직무를 수행하며 한 직장에 머물지 않는다. 국가기관 또는 공기업이 아닌 이상 강제적 직무 순환을 하는 회사는 그리 많지 않다. 중소기업의 경우, 여러 직무를 수행해야 하지만, 대부분 연관성 높은 직무 중심으로 이동한다. 직무 전문성을 강화하는 방향으로 기업

인사가 전환되었다. 물론 경영자로 성장할 인재에 대해서는 발탁이나 소수 핵심인재를 정해 전략적 이동과 유지관리를 통해 육성한다. 외부에서 검증된 인재를 영입하기도 한다. 또한, 채용 보다 유지관리의 중요성이 부각되고 있다. 최근 입사한 직원들은 성장 없는 근무를 원하지 않는다. 보상 못지않게 정체 없는 성장을 이끄는 회사를 선호한다. 눈치를 보며 알아서 일을 찾아 행하는 기존 세대에 비해 워라밸을 강조한다. 자신의 일에 대해서는 몰입하고 그 결과에 대한 책임을 지지만, 남의 일에 대해서는 관심이 적다. 자신이 한 일과 성과에 대해 공정하고 투명하게 조치되길 강조한다. 공정하지 않다고 생각되면 이들은 주어진 일만 할 뿐 도전하지 않는 경향이 있다. 오래 근무하려고 하기보다 기회가 되면 과감히 떠난다.

성과 있는 곳에 보상이 있기 위해서는 3가지 조치가 중요하다.

첫째, 성과 관리 체계의 구축이다. 성과에 대한 명확한 인식을 임직원이 공유하고 있어야 한다. 성과를 올리기 위해서는 목표 설정과 조정, 발표 점검 피드백 면담을 통한 과정 관리, 기록에 의한 공정하고 투명한 평가가 구축되어 실행되어야 한다.

둘째, 직무의 가치, 성과 정도에 따른 보상제도의 마련이다. 지금과 같은 호봉제에서는 평가제도만으로 해결할 수 없다. 직무와 성과 정도에 따른 보상이 이루어지도록 보상체계를 마련하여 실행해야 한다.

셋째, 성과 중심의 조직 문화 정착이다. 성과가 있으면 보상이 따른다는 원칙이 지켜져야 한다. 성과가 높은 직원을 인정하고 그에 따른 차별적 조치를 취하는 것이 당연해야 한다. 사람 중심의 기계적 구분이 아닌 성과와 직무 가치에 따른 차이를 인정해야 한다. 직무와 성과 중심의 인사 철학과 원칙이 조직문화로 정착될 때, 채용부터 퇴직까지 직무와 성과 중심의 인사가 운영될 수 있다.

Chapter 3

성과 관리의
성공비결 24가지

I
목표 설정과 조정의
성공비결 8가지

1.
목표는 어떤 모습인가?

KPI를 통한 사업계획

많은 직장의 조직장들에게 11월 가장 중요한 업무 중 하나는 '내년도 사업계획' 작성이다. 내년도 사업계획은 크게 4가지로 이루어진다.

첫째, 금년도 목표에 대한 성과와 반성이다.

설정된 목표에 대해 무슨 성과를 달성했는가를 점검하고 달성율을 중심으로 작성하고, 미진한 목표달성에 대한 사유를 기술한다.

둘째, 내년도 사업과 관련된 환경의 분석이다. 사업 또는 담당하는 직무와 관련하여, 국내외 정세, 산업 동향, 시장과 고객 니즈 변화, 경쟁사 전략 및 실적 등을 분석하여 기회와 위협, 강점과 약점을 파악한다.

셋째, 내년도 사업계획의 방향, 전략, 방안의 결정이다. 전사 사업계획을 기준으로 본부– 팀으로 이어지는 MBO(Management by Objectives, 목표 관리) 방식의 한 방향 정렬을 가져간다.

넷째, 각 조직의 목표가 결정되는 세부 실행 계획으로 많은 기업들이 KPI(Key Performance Indicator, 핵심 성과 지표)를 작성한다.

KPI 방식의 사업계획 양식은 크게 KPI, 산출근거, 가중치, 전년 실적, 금년 목표, 세부 실행 계획, 담당부서(담당자) 순으로 되어 있다.

KPI 방식의 사업계획 작성의 문제점

HR이나 전략 부서의 구성원이 아니면 KPI(핵심성과지표)에 대한 개념을 알지 못한다. KPI를 정하라고 하는데, KPI를 알지 못하니까 혼란스러워한다. 어느 팀은 KPI가 핵심 과제이고, 어느 팀은 달성률로 통일하여 작성해 제출한다. 검토하는 조직장도 KPI에 대한 명확한 설명이나 지시를 하지 못한다. MBO(목표관리)방식이라면, 팀들의 사업계획 목표를 달성하면 본부의 목표가 달성되고, 본부의 목표가 달성되면 전사 목표가 달성되어야 한다. 하지만, 팀의 사업계획 목표인 KPI가 달성되면 본부 KPI의 목표가 달성된다는 보장이 없다. KPI가 본부와 팀이 일치하지 않는 경향이 있고, 산출 방식, 결과물, 실행계획이 다른 경우가 많다.

A회사의 사업계획 전체를 자문하며 5가지 KPI 방식의 사업계획 작성의 문제점을 확인하였다.

첫째, 전사 핵심 과제와 팀 KPI와의 연계이다. 사업계획의 회사 목표는 매출 1조, 당기순이익 800억 원으로 명확했다. 이 목표를 달성하기 위해 R&D, 생산, 영업, 경영관리의 세부 실행 전략과 추진과제는 KPI가 아닌 반드시 해야 할 일인 핵심 과제였다. 반면, 팀 단위로 작성하는 사업계획은 KPI이기 때문에 핵심 과제와 KPI와의 연계성이 떨어진다.

둘째, KPI 도출에 대해 각 팀과 담당자의 이해 부족이다. KPI는 사실 핵심과제, 결과물, KPI 순으로 정하는 것이 옳다. 대부분 직장인이 자신이 하는 일 중 핵심 과제가 무엇이고, 그 과제의 현재 수준과 미래 모습이 무엇인가 물으면 대답을 한다. 하지만, 핵심성과지표가 무엇이냐 물으면 가장 먼저 KPI가 무엇이냐? 의미를 안다면 무슨 일에 대한 KPI냐? 질문할 것이다. KPI를 강조하다 보니 앞 단의 핵심 과제와의 연계 부분을 소홀히 하는 경향이 있다.

셋째, KPI를 어떻게 정하느냐에 따라 성과는 판이하게 달라질 수 있다. 프로야구에서 도루성공 횟수와 도루성공율은 어떤 차이가 있겠는가? 도루성공 횟수에 따라 혜택이 주어지면, 많은 선수들이 기회를 만들어서 뛸 것이다. 공격적 야구가 된다. 하지만 도루성공율로 정하면 실패를 고려하여 신중한 보수적 야구가 된다. 핵심 과제를 수행하는데, KPI를 어떻게 정하느냐에 따라 도전적으로 큰 성과를 낼 수도 있고, 보수적으로 안정적 성과를 낼 수도 있다. 결국 조직장이 방향을 정해 결정해줘야 하는데, 지식이나 확신이 없다.

넷째, KPI에 대한 실적관리이다. KPI를 정해놓고 매년 동일 KPI에 대한 기록 관리를 해야 하는데, 핵심과제에 따른 KPI를 지속적으로 가져가지 않고 매년 변경하는 경향이 있어 전년도 실적을 알 수 없는 상황이 된다. 비교 잣대가 없으니 도전적 목표를 정하기도 쉽지 않다.

다섯째, KPI 달성을 위한 세부 실행 계획의 작성은 실행 과제 중심으로 될 수밖에 없다. 실행 과제, 결과물, 이 결과를 위한 측정 지표가 KPI이다. 세부실행계획은 실행 과제의 결과물을 내기 위한 구체적 방안이다. KPI 중심의 실행 계획을 작성하기 어려운 이유이다.

어떻게 개선할 것인가?

모든 과제는 측정되어야 한다. 사실 측정할 수 있다. 우리가 가장 측정하기 어렵다는 핵심 가치도 행동특성을 기반으로 수준별 점수를 달리해 측정할 수 있다. A사 사례를 보면 핵심 가치도 측정할 수 있음을 알 수 있다.

(사례, A사의 고객만족 측정)

1점: 타인을 존경하고 언제나 회사의 이미지를 보호한다.

2점: 질책을 받거나 억울해도 웃음을 띠며 적극적인 자세로 고객과 문제를 해결하려 노력한다.

3점: 고객과의 커뮤니케이션 중 자신이 잘못이 아니더라도 공손하게 받아들인다.

4점: 고객입장에서 생각해 고객만족을 실현하며, 원칙을 지키고 회사와 고객이 윈–윈 하도록 힘쓴다.

5점: 고객의 요구에 앞서 미리미리 서비스를 해준다.

핵심과제 중심의 사업계획 작성이 KPI기반의 사업계획보다 도전적이고, 객관적이며, 명확하다. 전사 전략과 핵심과제와의 연계도 자연스럽고, 달성의 결과물도 명확하다. 무엇보다 조직과 구성원의 이해가 쉽다. 그렇다고 KPI가 중요하지 않다는 것이 아니다. KPI는 측정지표로서의 중요한 역할이 있다.

조직장의 역량이 가장 중요하다. 사업계획 작성에 있어, 환경 분석, 방향 제시, 목표의 명확화, 무엇을 어떻게, 언제까지, 누구에게 맡길 것인가 전체를 고려하여 성과를 창출하도록 하는 원동력이 조직장이다. 결국 사업계획의 작성과 실행, 나아가 성과도 조직장의 역량 크기에 비례한다. 사업계획 작성에 앞서 전 조직장에 대한 사전 교육이 매우 중요한 이유이기도 하다.

2.
목표설정과 측정
어떻게 할 것인가?

잘못된 목표와 지표 선정의 결과는?

A경찰관은 출근하자마자 순찰차를 몰고 근무시간 내내 고속도로와 거리를 순찰만 한다. 차를 몰고 순찰만 하는 것은 범죄예방에 적절한 행동은 아닐 것이다. 왜 이 경찰관은 이런 행동을 하는 것일까?

B회사는 잦은 기계의 고장으로 고객들의 불만의 소리가 높고 매출액이 줄어들고 있음을 알게 되었다. 회사의 경영진은 서비스센터를 설치하고 고객 대응을 보다 신속하게 하였다. 그런데 매출이 늘지 않고 시장점유율도 지속적으로 줄고 있었다. 이유가 무엇일까?

회사가 지속적 성장을 하기 위해서는 제대로 된 목표와 반드시 해야 할 행동, 그리고 이를 측정할 수 있는 지표를 잘 설정해야 한다. 잘못된 목표, 계획과 점검, 행동 지표는 성과에 지대한 영향을 미치기 때문이다. 경찰관이 출근과 동시에 순찰차를 몰고 순찰만 하는 이유는 그들의 성과측정지표가 순찰시간이기 때문이었다. 순찰 시간이 긴 경찰관에게 더 높은 점수와 보상을 하니 출근과 동시에 순찰만 한다.

경영진은 회사가 지속 성장을 하기 위해서는 품질이 가장 중요하다고 하면서도 품질은 크게 개선하지 않고 디자인만 그럴 듯하게 만들어 높은 매출을 달성한 직원은 칭찬하고, 품질 개선을 고집하다가 생산량을 간신히 달성한 직원을 나무란다면 직원들은 어떤 행동을 하게 될 것인가?

손자들이 자주 찾아오고 즐겁게 시간을 나누고 싶은 돈 많은 할머니는 손자에게 무슨 말을 해야 할까? '내가 죽으면 나의 모든 재산은 너의 것이다'와 '너가 나에게 잘해주면, 내가 죽었을 때 나의 모든 재산은 너의 것이다', '네가 나를 찾아와 잘해주면 올 때마다 100만 원을 주겠다. 만약 내가 죽게 되면 남은 돈은 복지단체에 기증하겠다" 세 가지 경우에 어느 손자가 가장 많이 찾아오고 잘해주겠는가?

기업의 성과창출을 위해 어떻게 목표와 지표를 설정할 것인가?

A음식점의 가장 큰 고민은 남은 음식이었다. 1,000명의 고객을 생각하고 식자재를 구입하여 음식을 만들어 놓았는데 800명밖에 오지 않아 200인분의 음식을 버려야만 했다. 여러 의견을 듣고 결정한 것은 음식을 만들지 말고 손님이 요구하면 그때 음식을 만드는 방법이었다. 좋은 아이디어라고 바로 실행을 했지만 오래가지 못했다. 내부 이슈만 생각했지, 기다리는 고객을 생각하지 않았기 때문이다.

B회사는 2년 후 생산공장을 베트남으로 이전하기로 결정하였다. 이 회사의 CEO는 인사 부서의 내년 사업계획 보고를 받고 불같이 화를 냈다. 내년 채용과 육성 계획이 전부 국내뿐이고, 1년 후 이전할 베트남에 대한 채용과 육성의 목표가 하나도 없기 때문이었다.

C회사는 B2B사업에서 B2C 사업으로 전환을 결정하였다. 외부에 공표하고 대대적으로 홍보까지 했는데 1달을 가지 못해 중단하게 되었다. B2B만 수행해 왔던 내부 임직원의 역량이 B2C 직무를 수행하지 못했기 때문이었다.

회사가 목표를 설정할 때에는 2가지 관점을 생각해야 한다.

하나는 회사사업전략과 연계하여 목표를 수립하고 있느냐는 점이다. 사업전략과 연계되지 않은 본부나 팀 및 개인의 목표는 성과 창출은 고사하고 갈등만 야기하게 된다.

생산 본부가 월 생산을 10만 개에서 20만 개로 증가했는데, 영업본부는 10만 개 판매에서 8만 개로 줄었다면 회사는 어떻게 되겠는가?

다른 하나는 재무적 요인, 내부 요인, 외부 요인, 학습과 경험 요인의 종합적 관점에서 목표를 설정해야 한다. 어느 한 요인만 고려한다면, 다른 요인이 부족하거나 문제가 야기되어 성과가 창출되지 않는 상황이 발생할 수도 있다.

목표가 설정되면 이를 측정할 수 있는 지표를 설정하여 이를 수행하는 사람들이 동일한 행동을 하도록 하는 것이 중요하다. 측정하지 못하는 목표는 수립해서는 안된다. 건강관리를 위한 지표로서 금연, 금주, 운동하기는 내용은 좋지만 측정 지표가 될 수 없다. 지금 80kg이라면 75kg만들기를 측정 지표로 설정해야 한다. 이를 위해 매일 1시간 운동하기, 2끼만 1공기 먹기 등의 구체적 행동을 생각할 수 있다.

측정을 하기가 곤란한 핵심 가치와 간접 부서의 업무가 있다. 이러한 업무의 측정은 3~5단계의 수준별 행동특성을 작성하여 측정할 수 있다.

성과 관리를 통해 성과를 높이기 위해서는 목표와 지표의 설정은 매우 중요하다. 이 못지않게 중요한 것은 설정한 목표와 지표를 정기적이고 지속적으로 점검하고 갭을 분석하여 조정하고 달성될 수 있도록 과정 관리를 철저히 하는 일이다.

인사담당자가 고려해야 할 일은 수립하는 것도 중요하지만 운영하는 것도 매우 중요하다는 점이다.

3.
팀원의 목표 설정 누가 할 것인가?

4월인데도 개인 목표 설정이 안 되었다면?

A기업의 성과 관리 강의를 할 때이다. 조직장뿐 아니라 사원들도 참석하였다. 시작에 앞서 목표설정, 과정 관리, 평가와 관련하여 어떤 질문도 좋으니 1개씩 하라고 했다. 대부분 조직장은 서열 매기는 것을 힘들어했다. 다들 열심히 했는데, 나쁜 점수와 등급을 주는 것에 대해 부담스럽다고 했다. 무기명으로 한 메모지에 '회사의 개인 목표 설정은 그때 그때마다 다르다. 목표가 설정되지 않는 해도 있고, 4월 넘어 목표가 설정되는데 무슨 점검과 피드백이 있겠는가? 개인 목표 설정을 체계적으로 하는 방법이 있는가?' 쓰여 있었다.

A기업은 3월 이전에 개인 목표 설정을 끝낸 적이 없다. 몇 년 전에는 개인 목표 설정을 하지 않고 연말 평가를 실시한 적도 있다. 직원들에게 이유를 물으니, "인사 부서가 전 구성원에게 평가 관련 업무 연락을 전송한 시점이 목표 설정의 시기라고 한다. 만약 평가 담당자가 업무 연락을 전송하지 않는다면 개인 목표설정을 하지 않는다"고 한다. 상황이 이러니 과정 관리와

기록에 의한 공정하고 투명한 평가가 될 수가 없다.

조직 목표 확정 후 개인 목표 설정은 왜 안되는가?

많은 기업들이 10월 말부터 내년도 사업계획을 작성한다. 사업계획은 빠르면 11월 늦어도 12월에 CEO에게 보고한 후 확정된다. 내년도 사업계획을 작성하지 않는 기업은 그리 많지 않다. 조직의 목표인 사업계획이 확정된 후, 왜 개인별 목표 수립이 이어지지 않는 것일까? 조직의 목표는 그 조직의 구성원에게 배분되어야 한다. 결국 조직 구성원이 조직이 해야 할 일을 하기 때문이다. 그렇다면 당연히 조직 목표 확정이 되면 바로 개인 목표 수립을 해야만 한다.

조직 목표 후 개인 목표가 수립되지 않는 이유 중 하나가 담당하는 부서가 다르기 때문이다. 과거에는 조직의 목표와 개인의 목표를 전부 인사 부서가 담당했다. 지금은 조직 목표는 전략(기획) 부서가 담당하고, 개인 목표는 인사 부서가 담당한다. 담당 부서가 다르기 때문에 담당 부서의 입장에서 업무가 추진된다. 각 조직의 사업계획은 전략 부서의 지침에 의해 최대한 실행 과제 중심으로 계량화된다. 인사 부서는 개인의 업무 중심의 목표 설정을 하게 된다. 업무 중심의 목표가 설정되기 때문에 2월 사원 승진 및 이동 인사로 팀원이 확정된 후 업무 분장을 하고 목표 수립을 하게 된다. 조직이 다르고 추구하는 바가 다르기 때문에 조직의 목표가 개인의 목표로 연계되지 않는 경우가 발생한다. 또한, 3월 또는 4월 개인 목표가 수립되면서 1월부터 수립되는 월까지의 과정 관리가 되지 않는다. 3월 또는 4월에 목표가 수립되기 때문에 목표와 결과물에 대한 충분한 고민 없이 목표 수립 그 자체에 의미를 두는 경우도 발생한다. 소중한 것일수록 더 소중히 간직해야 한다. 비싼 수업료를 지불했을 경우, 좀 더 참여하고 몰입하게 된다. 마음이 없이 형식적으로 작성된 목표를 지키며 달성하려고 하겠는가?

개인 목표 설정 어떻게 해야 하는가?

개인 목표는 크게 3가지 조건을 갖추어야 한다.

첫째, 조직의 목표는 개인의 목표와 연계되어야 한다. 조직 목표와 개인 목표가 다르면 성과는 요원해질 수밖에 없다. 개인 입장에서는 자신이 하고 있는 일을 중심으로 개선 수준의 과제를 목표로 설정하려고 한다. 하지만, 회사는 이 수준으로는 성장할 수 없다. 도전적 목표를 중심으로 실행 과제를 정한다. 둘 사이의 차이가 없어야 한다. 조직의 목표가 개인에게 연계되어야 하며, 이를 위해 팀장이 팀원에게 목표를 주어야 한다.

둘째, 목표는 철저하게 실행 과제로 도전적, 계량화, 의미 있는 마감이 명확해야 한다. 개인의 목표가 실행 과제로 표현되어야 한다. 실행 과제는 유지 수준이 아니어야 한다. 달성하기 힘들 정도로 도전적이어야 한다. 측정 가능한 정량화된 과제로 마감이 분명해야 한다.

셋째, 목표는 철저하게 점검과 피드백 되어 과정 관리되어야 한다. 최소한 월별로 목표의 실행 여부가 점검되고 그 결과로 나와야 한다.

　이를 위해서 개인 목표 설정은 12월 또는 아무리 늦어도 1월 초순이 되어야 한다. 목표가 확정되어야 과정 관리도 있고 결과물이 더욱 명확해진다. 내년도 사업계획 확정 후 개인 목표가 수립되도록 조직 간 협업이 이루어지거나 인사 부서에서 프로세스로 정착시켜야 한다. 마지막, 조직장에 대한 홍보와 교육이 필요하다. 조직과 구성원의 성장과 성과는 조직장의 리더십의 크기에 달려있기 때문이다.

4.
팀원의 목표 설정의 시기는
언제인가?

못 하는 이유는 많다

목표의 중요성을 모르는 직장인은 없다. 다들 회사가 이익을 창출하고 성장하기 위해서는 사업 전략과 목표를 제대로 설정하고 실행해야 한다는 점을 인정한다. 회사와 조직의 목표를 설정하기 위해 많은 회사들은 '내년도 사업계획'을 10월부터 준비한다. 한 달 넘는 기간 동안 사내외 환경을 파악하고, 자신이 속한 조직의 강점과 약점, 기회와 위협 요인을 분석하여 사업전략과 중점 과제를 설정한다. 조직별 작성한 사업계획은 CEO와 경영진이 참석한 가운데 발표하고 피드백을 받는다. 대부분 큰 수정 없이 통과되지만, 심한 경우, 방향이나 전략이 잘못되어 백지에서 다시 작성하는 경우가 있다. 아무튼 12월에는 내년도 사업계획이 확정된다. 조직 차원의 목표가 정해진 것이다.

목표관리라는 이론 측면에서 보면, 조직 목표가 확정되면 개인 목표가 부여되고, 신속하게 개개인의 목표가 확정되어야 한다. 조직의 목표가 정해져 있기 때문에, 개인의 목표는 조직 목표의 일부를 부여 받고, 자신이 담당하는 직무의 유지와 개선 목표를 추가하여 팀장의 승인을 받으면 된다. 사실, 팀의 목표는 팀장의 책임하에 팀원의 직무 역량과 직급을 고려하여 분배된다. 팀장이 점검할 사항은 개개인이 주도적으로 정한 담당 업무의 개선 목표이다. 팀 업무를 모르는 팀장이 아닌 이상, 팀원들이 수행하는 직무를 알고 있기 때문에 유지 또는 개선 수준의 과제인가를 금방 파악할 수 있다. 회사가 유지 수준의 일만 해서는 궁극적으로 망하게 된다. 조직도 마찬가지이다. 지속적으로 성장하고 성과를 창출하기 위해서는 개선 또는 혁신(도전) 수준의 직무를 해야만 한다. 팀장은 이러한 관점에서 팀원들의 목표 과제를 점검하고 피드백 해야 한다.

팀원들의 목표 설정에 문제가 있다. 이론과는 다르게 팀 목표와 개인 목표가 일치하지 않는다. 팀 목표는 12월에 확정되었지만, 개인 목표는 2월이 지나도 정해지지 않거나, 목표 자체가 없는 경우도 있다. 팀원들이 팀 목표를 알지 못하고, 심한 경우 자신의 목표가 무엇인지 관심이 없기도 한다. 자신이 담당하는 주어진 일만 잘하면 된다는 생각을 가진 팀원도 있다. 왜 개인 목표가 없거나, 2월 이후에 확정되는 이유가 무엇이냐 물으면, 문제점이라는 점에는 공감하는데 원인은 다양하다.

① 사원 승격과 이동이 2월에 진행되므로, 이를 마무리하고 개인 목표 수립이 시작된다.

② 전년도 평가가 1월 중순에 마무리되어, 개인 통보와 면담을 마치면 2월이

될 수밖에 없다.

③ 인사팀의 개인 목표 수립 업무 연락이 1월 중순 이후에 발송된다.

④ 12월 임원 및 팀장 인사 후, 업무 파악의 시간이 필요하다.

⑤ 지금까지 관행적으로 2월 이후에 팀원 목표 설정을 했다.

⑥ 조직 목표를 담당하는 조직과 개별 목표를 담당하는 부서가 달라 혼선이 일어난다. 등등

결과적으로 팀원들은 '목표가 없는 1월'을 보내게 된다. 많은 기업들이 조직 목표는 12월에 확정되어 있기 때문에 1월 조직 목표와 목표에 따른 실적 관리가 가능하다. 하지만, 개인 목표 는 2월 이후에 확정되는 곳이 많아 1월은 목표가 없다. 목표가 없으니 점검할 내용도 없다. 그냥 담당 업무를 수행하는 수준이 되어 버린다. 목표가 정해지지 않았기 때문에 면담도 없다. 인 사팀에서 매월 목표 대비 실적과 계획을 정리하고, 면담을 의무 화하라고 했지만, 1월부터 실시하지 못한다. 자연스럽게 목표 대비 업적 실적과 계획에 대한 점검과 면담은 형식적이 되고, 2 월 이후 작성하는 개별 목표 역시 잃어버린 목표가 되어 버린 다. 개인별 목표 설정하라고 하니 어쩔 수 없이 실시하는 '했다 주의'가 성행하는 요인이다.

어떻게 개별 목표관리를 할 것인가?

회사에서 개인 목표를 생각할 때 중요한 2가지 핵심사항이 있다. 하나는 정렬이고, 다른 하나는 지표이다. 정렬은 회사의

목표가 본부의 목표로, 본부의 목표가 팀의 목표로, 팀의 목표가 팀원의 목표로 연계되어야 한다. 밑에서부터 위로 올라가는 구조가 아닌 위에서 밑으로 내려오는 형태로 목표가 확정된다. 목표는 피라미드 형태로 상위 조직의 목표는 하위 조직의 목표 안에 포함되어야 한다. 지표는 3가지 개념에서 살펴야 한다. 실행 과제, 결과물, 측정 지표이다. KPI(핵심성과지표)를 운영하는 회사들은 KPI에 매몰된 느낌을 받는다. 더 중요한 것은 바로 실행 과제와 결과물이다.

성과 관리를 통해 성장과 성과를 창출하기 위해서 목표관리 측면에서 고려해야 할 점검 포인트가 있다.

첫째, 개별 팀원에 대한 목표 부여는 조직의 목표가 확정되는 순간부터 팀장이 팀원의 담당 직무, 역량, 직급을 보며 부여해야 한다.

둘째, 팀장이 팀원에게 목표를 부여하고, 팀원은 부여된 목표와 담당직무에서 본인이 생각한 개선과 혁신(도전) 목표를 실행 과제 중심으로 선정하여 12월 중에 팀장과 1차 목표 협의를 해야 한다.

셋째, 팀장과 팀원이 1차 목표 협의를 마치면, 팀원은 각 목표인 실행 과제별 결과물 중심의 월별 실행계획을 작성한다.

넷째, 팀원들의 목표와 실행계획을 중심으로 12월 중 팀원 전체의 발표를 실행하고, 상호 공유, 점검, 조정을 실시하도록 한다.

다섯째, 팀별 발표가 끝난 후, 팀장과 팀원이 최종 실행 과제, 최종 결과물, KPI, 월별 실행 계획을 중심으로 최종 면담을 통해 확정한다.

이 모든 프로세스가 12월 중 마무리되도록 하고, 생산이나 영업처럼 팀원 수가 20명이 넘는 경우에는 파트장 개념을 두고, 팀장은 파트장 중심의 프로세스를 가져가고, 파트원에 대해서는 파트장이 추진하도록 하는 것도 한 방법이다.

금년 조직과 개인의 목표는 전년 12월에 확정되어야 한다. 조금은 미흡하거나 부족할 수 있다. 월별 또는 분기별 목표 조정을 하더라도 1월 시작부터 새로운 목표를 가지고 계획에 따른 실행을 하는 것이 바람직하다. 할 수 없다고 하는 것은 핑계일 수 있다. 중요하고 옳다면 하면 되는 것 아닌가?

5.
왜 개인 목표 설정을
공유해야 하는가?

A임원의 반발

김 팀장은 지주사 HR담당으로 그룹 CEO의 지시에 따라 성
과 관리의 현황, 이슈, 개선방안을 보고하였다. 상대평가를 하
고 있는 그룹의 성과 관리에 대한 구성원의 만족도는 긍정응답
율이 10% 수준이었다. 인사제도 전체에 대한 만족도 33% 대비
매우 낮은 수준이었고, 인사제도를 제외한 타 영역의 문항 합계
는 58% 수준이었다. 구성원의 회사와 리더에 대한 신뢰, 작업
환경과 인간관계에 대한 긍정응답율은 70% 이상의 대단히 높
은 만족도를 보이고 있었다. 반면, 채용, 인력운영, 평가, 보상,
승진, 이동, 인력 유형별 관리, 경력개발 등 인사 영역별 긍정
응답율은 매우 낮았다. 그중에서 가장 낮은 만족도를 보인 것은
평가였다. 이에, CEO는 평가 전반에 대한 개선을 지시하였다.
3가지 중점 이슈가 있었다. ①목표 설정이 개인에 따라 천차만
별이고, 도전적 목표보다는 유지 수준의 쉬운 목표를 설정한다.
②점검이나 면담 없이 연말에 상사의 주관적 판단으로 평가를
해 공정성과 객관성이 떨어지고 신뢰할 수 없다. ③평가를 위한

평가일 뿐 성장 관점이 없다.

　김 팀장은 3가지 이슈에 대한 개선 방안 중 그룹 차원에서 반드시 해야 할 성과 관리 그라운드 룰 3가지를 정해 관계사 인사 담당에게 전달하였다. ①개인 목표 설정은 부서원들 전원이 모인 상태에서 발표하고, 점검 후 조직장이 개별 면담을 통해 1월 10일까지 인사정보시스템에 등록을 마친다. ②조직장은 매월 부서 전체 모임에서 개인별 업적과 역량에 대한 실적과 계획을 발표하고, 면담을 통해 개별 피드백 한다. ③지주사는 분기별 1회 전사 성과 공유회를 통해 성과 관리 현황을 점검하고 임원 평가에 이 결과를 반영한다.

　그룹의 각 회사들은 연초 개인별 업무와 역량 목표를 설정해 발표를 마치고 그 결과를 자료를 통해 전달했다. 수많은 조직장 및 직원들이 바람직한 제도이며 방법이라며 적극 참여해서 순조롭게 진행이 되었다. 다만, 주요 관계사 중 한 곳의 인사담당 임원의 반발이 엄청났다. 지금 하고 있는 일도 많아 정신 없는데 회사가 왜 개인 목표까지 간섭하고, 그것도 모자라 발표하고 면담까지 하게 하냐며 목소리를 높인다. 이미 다른 회사 모든 팀은 개인 목표를 세우고 다들 열심히 실행하고 있는데, 이 회사만 인사담당 임원의 반대로 개인 목표 등록이 거의 되지 않았고, 목표 면담은 기대하기 힘든 상태다.

개인 목표 설정 어떻게 해야 하는가?

많은 기업들이 10월만 되면 사업계획 작성으로 바쁘다. 내년도에 무엇을 할 것인가 정하는 만큼 많은 자료를 조사하고 분석해 전체적인 틀과 실행 과제를 만들고 사업계획을 보고한다. 통상 12월 초면 대기업은 사업계획 발표와 임원인사가 마무리된다. 조직의 내년도 사업계획은 12월에 확정되는데, 개인 목표는 내년 1월 이후인가? 많은 기업의 개인의 목표 수립은 조직과의 연계도 떨어지며, 시기도 천차만별이다. 왜 이런 일이 발생하며 지속되는 것일까?

개인 목표 설정과 관련하여 3가지 측면을 생각해 본다.

첫째, 개인의 목표는 개인 자신만의 목표가 아닌 회사- 조직- 개인의 목표 연계이다. 개인 목표를 개인이 정해 추진한다면 회사의 목표와 연계, 얼마큼 성과가 날 것인가 등을 알 수가 없다. 반드시 회사, 본부, 팀의 목표와 개인의 목표가 연계되어 추진되어야 '한 방향 정렬'이 되고 개인의 목표달성이 팀과 본부 나아가 회사의 목표 달성으로 이어지게 된다.

둘째, 발표- 점검- 피드백의 정례화이다.

갈수록 구성원들은 성과 관리의 투명성과 공정성을 요구한다. 목표 설정부터 과정 관리 마무리 평가의 프로세스가 투명해야 한다. 각 단계별 전원이 모여 발표를 하고, 점검하여 면담을 통해 피드백 되고 이 모든 것이 자료화되어 평가되어야 투명해진다. 조직이나 구성원 입장에서 공유가 없다면, 자신과 자신

조직만 힘들다고 한다. 다른 조직과 구성원이 무엇을 하는 가 모르기 때문에 업무 협조가 안 되는 경우가 많다. 구성원들은 다들 바쁘다고 하는데 뭐 때문에 왜 바쁜지 모른다. 발표를 통해 공유하면 불만이 줄 수 있고 상호 협력이 일어나 더 효율적이 된다.

셋째, 기록에 의한 성과 관리다.

발표를 위해 자료를 만들고 이를 관리하면 기록이 된다. 성과는 무엇을 했다가 중요한 것이 아닌 결과물이 무엇이고 어떤 가치(성과)를 창출했냐 이것이 중요하다. 이 모든 과정을 발표하고 피드백해 가치(성과)를 높이고 조직과 구성원의 역량을 향상하게 해야 한다. 목표 설정인 첫 단계부터 잘해야 한다. 목표와 과정 관리를 전혀 하고 있지 않다가 연말에 평가만 한다면, 구성원들이 그 결과를 어떻게 수용하겠는가?

6.
3개월 차인 팀원의 목표설정이 부실하다면?

무엇을 잘못했는가?

3개월 차인 A사원에게 12월 초에 내년도 목표를 설정해 3일 후 개별 면담을 하자고 했다. 기일이 되어 A사원이 가져온 목표는 매우 낮은 수준으로 실망스러웠다. 목표 설정을 위해 팀 선배들에게 문의했는가 물으니 다들 바빠서 혼자 결정했다고 한다. 작성한 목표를 보면, 3개월 동안 무슨 일을 했는가 알 수가 없다. 멘토링을 담당하는 멘토인 B대리를 불렀다. 지금까지 어떻게 A사원에 대한 멘토링을 했는가 물었다. 역시 업무가 바빠 멘토링은 거의 실시하지 않았다. A사원에게 지금까지 2개월 넘는 기간 동안 했던 일을 주 단위로 작성해 빠른 시간 안에 보고해 달라고 했다. 2개월 동안 A사원이 한 일은 팀원들의 업무에 대한 간략한 소개 교육을 받은 것을 제외하고 전부 팀의 부가가치가 거의 없는 복사, 회의 준비와 정리, 문서와 파일 정리, 팀 선배의 단순 보조 업무가 전부였다. 담당 직무에 대한 이해 수준이 매우 낮고, 회사 생활에 대한 의욕도 최저 수준이었다. 면담 중 A사원은 이런 업무를 하려고 대학을 다녔나 후회스럽다고 한다.

왜 이런 상황이 되었고, 팀장의 잘못은 무엇인가?

팀원의 육성과 목표설정은 팀장의 중요한 역할이다

3개월차인 팀원은 수습기간 중이다. 수습은 회사가 직원을 평가하는 기간이기도 하지만, 팀원이 회사를 선택하는 기간이기도 하다. 많은 회사들이 수습기간 기본급의 90% 주는 수준으로 관리하다가 3개월이 지나면 특별한 공지 없이 정상 급여를 지급한다. 그냥 3개월 동안 기본급의 10%를 덜 주는 것이 수습이다.

3개월 수습기간 동안 조금은 과하다 싶은 수준의 일을 부여하고, 밀착형 개인별 멘토링, 주 단위의 팀장의 점검과 피드백, 도전 과제 부여 등을 추진하면 어떨까? 신입사원들에게서 '배울 것이 없다, 누가 봐도 저부가가치 업무인데 이런 일 하려고 여기 지원했는가? 일다운 일을 하고 싶다' 같은 불만이 나와서는 곤란하다. 3개월 이내에 퇴직하거나, 회사에서 권고 사직을 하고 싶은 사원이 있다면 누구 잘못일까? 조직과 구성원의 성장과 성과는 그 조직을 맡고 있는 조직장의 리더십(그릇) 크기에 비례한다. 적당히 알아서 하라고 하거나, 직원의 일의 목표나 역량에 대해 방치하거나, 수준 낮은 일을 부과하면 조직과 구성원은 어떻게 될까? 불만을 극대화하고, 성과는 오르는 것이 아닌 하락할 것이다. 우수한 직원들은 퇴직할 것이고, 갈 곳 없는 직원들은 조직을 만들거나 참여하여 반항할 것이다. 성취감이 강하고 성장하고자 하는 열정이 강한 직원들은 견디지 못하게 된다.

팀장이라면 팀원의 꿈과 목표, 역량과 열정, 인성을 보며 조금 버거울 정도의 목표와 과업을 주고 관심을 갖고 성장시키는 것이 당연히 해야 할 역할이다.

3개월 차의 직원들의 목표 설정 어떻게 할 것인가?

3개월, 뛰어난 직원은 주도적으로 도전적 목표를 설정해 성과를 이끌어갈 수 있지만, 대부분은 아직 업무를 파악하고 누군가 조언을 필요로 하는 시점이다. 팀장이라면 멘토와 협의를 하여 3개월 차인 직원의 도전적 목표인 실행 과제와 결과물을 부과하는 것이 좋다. 조금은 과도한 목표를 제시하고 직원이 생각하는 목표 수준과 과제를 협의한다. 이 과정에서 팀장은 수습 직원에게 최소 월 단위 면담을 통해 업적과 역량에 대해 점검과 피드백을 해줘야 한다. 물론 주 단위로는 멘토에게 멘토링 목적과 내용에 따른 업적과 역량 실적과 계획을 협의하고 지도 받도록 지시하고 확인해야 한다.

신입 팀원이 제대로 조기 정착하여 전력화 되기 위해, 팀장은 멘토에게 멘토링 시작과 동시에 3개월 수습기간이 끝나기 전 도전 과제를 발표할 수 있도록 추진해야 한다. 3개월 동안 직무에 대한 현황 파악, 도전 과제에 대한 해결안 발표, 향후 계획과 포부에 대해 발표를 하고 질의 응답을 한 후 면 수습 여부를 결정하는 것이 좋다.

3개월 차인 팀원의 목표가 부실하다면, 가장 큰 이유는 3개월 차 직원이 도전적 목표를 설정하는 수준이 되어 있지 않다고 보는 것이 맞다. 직무에 대한 파악, 개선안 인식, 일하는 방식에 대한 이해가 떨어지기 때문에 도전적 실행 과제와 결과물을 제시할 수 없는 것 아니겠냐고 물을 수 있다. 3개월이라면 충분히 자신의 목표를 정할 수 있다. 제대로 방향을 잡고 가르쳐야 한다. 신입 직원에 대한 조기 전력화 방안을 만들어 제도, 점검 시스템, 조직장의 관심과 참여 방안, 본인의 실천이 체계적이고 지속적으로 추진될 수 있도록 해야 한다. 조직의 구성원은 강하게 육성하여 성과를 내는 경쟁력 있는 인재로 키우는 것이 자신의 역할이라고 생각하는 조직장의 마음가짐과 자세가 가장 중요하다.

7.
목표가 성과로
이어지게 하는 방법

목표설정이 제대로 되어야 한다

성과 관리 강의를 하기 위해 A회사를 방문했다. 성과 관리는 목표설정부터 시작한다. 모든 CEO는 도전적이고 측정 가능한 구체적인 목표를 설정하라고 요구한다. 목표설정과 관련하여 3가지 질문을 하면 그 회사가 어느 정도 절박한지와 성과에 대한 기대와 열정을 알 수가 있다.

- 회사와 자신이 담당하고 있는 조직의 목표, 실행 과제, 가중치와 진척율을 작성하라.
- 연말이나 연초에 작성한 목표 이외의 추가 지시나 요청 업무가 목표에 반영되고 있는가?
- 목표 추진에 대한 보고와 점검과 피드백은 주기적으로 이루어지고 있는가?

가장 실망스러운 점은 팀원들의 목표가 없는 경우이다. 이러한 회사는 조직의 목표만 있으면 되고 팀원들은 주어진 업무를 수행하면 된다는 생각이 강하다. 주도적이고 자발적인 열정을 이끌어내기가 처음부터 불가능한 상황이다. 다음은 목표는 있지만, 잃어버렸거나 점검과 피드백이 전혀 없는 경우이다. 점검과 피드백은 다른 회사가 하니까 우리도 형식적으로 하고 있다는 말을 듣는다. 목표는 연말에 평가를 위해 볼 뿐이다. 이래서는 성과로 이어지지 않는다. 회사의 목표가 팀원 개개인에게 연계되는 것은 기본이고, 자신의 업무에서 개선 과제를 찾아 스스로 주도적으로 업무 성과를 올리고 일을 통한 역량 강화가 달성되어야 한다.

목표가 성과로 이어지게 하는 5가지 방법

목표를 정했다고 성과로 이어지지 않는다. 스포츠 경기에서 목표는 우승이다. 모두가 우승하는 것은 아니다. 목표인 우승을 하기 위해서는 이길 수 있는 실력이 있어야 한다. 상대에 대한 철저한 분석과 준비가 있어야 한다. 무엇보다 경기를 하는 당일 자신의 상태를 최고로 만들어야 한다. 경기가 이루어지는 경기장과 주변 여건에 대한 지식도 도움이 된다. 이긴다는 마인드 컨트롤도 중요하다.

기업에서 회사와 개인의 목표가 성과로 이어지기 위해서 조직장은 다음 5가지를 알고 실천해야 한다.

첫째, 회사, 조직이 바라는 모습과 방향, 전략과 중점과제를 알려줘야 한다.

회사가 추구하는 바람직한 모습과 방향을 알아야 한다. 이러한 모습과 방향을 기반으로 전략과 중점 과제에 대한 공유가 매우 중요하다. 토요타 자동차가 GM을 추월할 수 있었던 것은 '2000년 GM을 따라잡자'는 구호하에 철저한 준비와 노력을 한 것이다. 구성원들은 회사가 어떤 모습으로 무엇을 해야 하는가를 명확하게 알고 있을 때 도전과 열정이 생긴다. 한 방향 정렬이 이루어진다.

둘째, 조직의 역할이 무엇인가를 명확히 해야 한다.

사람은 아는 만큼 행한다. 자신이 속한 조직이 무슨 일을 해야 하며 그것이 어떤 의미가 있는가를 알고 있어야 한다. 성장하는 회사는 CEO와 조직장들이 직원에게 우리 회사는 무엇을 하기 위한 회사이며, 해야 할 일이 무엇이며, 어느 수준으로 어떻게 해야 한다는 것을 수시로 강조한다. 자신이 속한 조직의 역할과 책임 속에서 자신의 일에 의미를 부여할 줄 알아야 한다.

셋째, 개인이 자신의 일과 역량에 대한 목표를 수립해야 한다.

연말 또는 연초에 자신이 수행하는 일과 역량 목표를 수립할 때 조직장이 부여한 목표, 자신이 하고 싶은 목표를 가지고 조직장과 협의하여 확정해야 한다. 어느 수준의 일과 역량 향상을 통해 어떤 성과를 창출할 것인가를 명확히 해야 한다. 조직장과의 목표가 설정된 다음, 반드시 해야 할 일은 그 일을 언제까지 어떻게 할 것이고 결과물을 무엇으로 할 것인가에 대한 실행계획을 작성하는 것이다. 실행계획 작성은 가장 좋은 방법은 주 단위이지만, 목표설정 단계에서는 월 단위 실행계획은 반드시 작성해야 한다.

넷째, 점검과 피드백을 통한 과정 관리와 목표에 대한 조정이다.

조직장은 직원들이 작성한 실행 계획에 따라 점검과 피드백을 정기적으로 해줘야 한다. 가장 바람직한 방법은 점검을 조직원 전체가 모인 상태에서 각자 발표하는 것이다. 발표가 끝난 후 조직장은 전체에 대한 강조 사항을 이야기하고, 반드시 개별 면담을 실시해야 한다. 발표와 개별 면담을 통해 피드백이 이루어져 성과와 역량 향상이 이루어져야 한다.

다섯째, 자발적으로 실천하여 성과를 내도록 해야 한다.

목표가 있고, 자신을 믿어주면 열정이 생긴다. 일 잘하는 사람들은 시켜서 일하지 않는다. 스스로 목표를 세우고 계획을 세워 이끌어 간다. 자율이 주는 힘을 알기 때문에 스스로 타오른다. 조직장은 이들을 믿고 자발적으로 뛰게 해준다. 방향에 대한 의견을 주거나, 격려를 통해 더 나아가게 한다. 혼자가 아닌 함께 하도록 배려해 준다.

목표가 있으면 실행이 되고 성과로 이어져야 한다. 누구나 다 알고 있지만, 실제 달성하기란 말처럼 쉽지 않다. 조직장이 중요하다. 조직장이 지속적이고 일관된 방향과 실행이 되도록 중심에서 굳건하게 이끌고 믿어줘야 한다.

8.
조직 목표에 대한 정리와 보고 어떻게 할 것인가?

누구 잘못일까?

A팀장은 본부장에게 서운함이 많다. 지시를 내리고 보고하면 "이것은 왜 작성했느냐?" 묻는다. 1주일 전 본부장님이 지시한 사항이다고 하면 알았다고 놓고 가라고 한다. 잠시 오라고 해가면, 지금 무슨 일을 하고 있냐? 급한 일 없으면 이 업무를 처리해 달라며 주는데, 팀에서 할 일이 아닌 회사 공동의 업무이다. 이것을 왜 저희 팀에서 해야 하느냐 묻고 싶지만, 알았다고 하고 팀원을 소집한다. 팀원들의 불만도 높다. 고생해서 작성한 보고서는 결과를 알 수 없는 대기 상태이고, 우리 팀 일이 아닌데 고생만 하고 성과는 없는 일들이 부과된다. 팀장에게 불평을 토로하지만 그것으로 끝이다. 왜 이런 일이 발생하는 것일까?

직장생활을 하면서 상사와의 관계는 그 무엇보다 중요하다. 본부장이 산하 팀의 세세한 상황이나 현실을 인식하고, 적절하게 업무를 분장하고 지시를 내리는 것은 쉽지 않다. 팀장들이 수시로 팀에서 하고 있는 일, 특이 사항, 애로 사항이나 건의 사항을 본부장에게 전달해야 한다. 눈으로 보이는 팀의 현황 파악보다는 팀장이 목표 대비 업적, 팀과 팀원의 육성 내용, 특이 사항, 애로 사항 등을 정리하여 최소한 주 단위로 보고를 해야 한다. 많은 팀장들은 매주 업무 회의 시, 주간 업무 실적과 계획을 통해 충분히 보고했다고 생각한다. 하지만, 본부장은 각 팀에서 지금 무엇을 하는지 대충 알지만, 목표가 무엇이고 현재 어느 정도 달성했는가 모른다. 본부장은 주간 업무 회의를 통해 각 팀에서 현재 무엇을 하고 있는가 대충은 안다. 바빠 보이는 팀에게는 큰 지시나 점검을 하지 않는다. 반대로 여유 있는 팀에 대해서는 이런 저런 요청이나 지시를 내린다. 직속 상사의 생각을 읽고 중점을 두는 과제에 대해 선행하여 의견을 제시하고 적극적 추진을 하는 팀장이 있다면 본부장은 어떤 심정일까? 본부장이 팀의 사정을 명확하게 인지하고, 가치가 떨어지는 업무를 조정하고, 중요도와 난이도가 높은 수준의 과제를 중심으로 일 처리를 하게 한다면 어떨까? 중요한 미팅이나 사내 핵심 인력과의 만남을 주선하여 참석하게 한다면, 좋은 기회를 창출하여 역량을 최대한 발휘하게 한다면, 자주 불러 자신의 애로사항을 논의하고 고민 사항에 대해 함께 대안을 마련하는 장을 만든다면 어떨까? 서로에게 영향을 주며, 인간적 관계가 증진되기를 모두가 원한다. 하지만, 이렇게 되지 않고, 상사가 자신의 일에 대해 관심이 없고, 모르는 것은 누구 잘못일까?

연간 목표에 대한 업적과 역량을 어떻게 정리하고 보고할 것인가?

팀장은 팀의 업무와 역량에 대해 높은 수준으로 달성해야 할 역할과 무한 책임이 있다. 팀에 부과된 목표를 수행하지 못하거나, 팀원들이 뿔뿔이 흩어져 팀워크가 없는 조직이 있다면 전적으로 팀장의 잘못이다. 팀의 결속을 높이고, 팀원들의 사기를 높여 조직이 추구하는 목표를 초과 달성하기 위해 팀장은 상사의 적극적인 관심과 지원을 이끌어내야 한다. 어떻게 할 것인가?

인간적인 면을 떠나 업무 측면에서는 완벽해야 한다. 이를 위해 다음 2가지는 철저해야 한다.

첫째, 주 단위의 연간 목표 대비 업적과 역량에 대한 개별 보고이다.

팀의 연간 목표 대비, 주간 업적 결과물과 목표 이외의 업적 결과물을 정리하여 보고서를 작성한다. 한 주 동안 팀원과 팀장 본인의 역량 향상을 위해 실시한 내용과 결과물도 별도 작성해야 한다. 가능하다면, 주중 잘한 점, 특이사항, 애로/ 건의 사항을 포함하면 더욱 좋다. 자료의 수집과 정리, 보고서 작성은 팀장이 직접 수행하는 것이 옳다.

작성된 주간 보고서를 중심으로 직속 상사와 대면으로 보고하며 4가지에 대해 분명히 가져가면 큰 도움이 된다. 직속 상사와 본인의 다음 주 중점 과제, 본인의 업적과 역량에 대한 직속 상사의 피드백, 팀원에 대한 동향 보고, 애로/ 건의 사항이다. 이 중, 상사의 다음 주 중점 과제, 본인에 대한 피드백은 반드시 질문하고 들어야 한다.

둘째, 매일 본인이 하는 일의 우선순위 6개 정도를 정해 공유하는 것이다. '금일 해야 할 6가지 우선순위'라는 제목으로 메일이나 문자로 전송하면 된다. 일의 집중도뿐만 아니라 공유를 통한 효과가 크다. 6가지 우선순위는 상사뿐 아니라 구성원과 당일 해야 할 일과 관련된 부서의 담당자에게도 전송하여 활용하는 것이 좋다.

결국은 자기 하기 나름이다. 상사 입장에서 사전에 무엇을 할 것이고, 무엇을 끝냈다는 것을 명확히 하며, 자주 찾아와 이런저런 이야기를 해주는 직원을 신뢰하고 좀 더 배려하게 된다. 자신이 하는 일을 상사가 모르거나 무관심하다는 것은 전적으로 본인의 잘못이다.

II

과정 관리의

성공비결 8가지

1.
팀원의 성과 관리 프로세스를 어떻게 가져갈 것인가?

주인 없는 회사

민간기업에 근무하다 공기업으로 옮긴 직원들을 당황하게 만드는 말들이 있다. '주인 없는 회사', '적당히 일해라', '했다 주의', '남의 일에 신경 쓰지 말고, 내 일에 간섭하게 하지 마라' 등이다. 이런 말들을 하는 이유는 무엇일까?

민간기업은 오너가 있다. 오너가 있는 상태에서 전문 경영인이 경영을 해도 주인 있는 회사이다. 하지만, 오너가 없는 상황에서 CEO가 3년 정도의 임기제이면 주인 없는 회사라는 말이 많다. 그렇다면 직원들은 종인가? 여러 복잡한 생각이 들게 한다.

많은 기업들이 3월 주주총회로 CEO가 교체된다. 회사의 CEO가 교체되면 임직원 입장에서는 해야 할 일들이 많다. 당장 현황보고부터 준비해야 한다. 그래서인가 성과 관리 주기가 11월~4월, 5월~10월인 기업들도 있다. 3월 CEO가 교체되고, 현황파악 후 사업계획을 4월부터 작성하기 시작해 개인 목표는

5월에 수립되게 된다.

성과 관리가 5월~10월, 11월~4월이 되면 어떤 문제가 있는 가? 사실 12월~1월초에 개인 목표를 설정하는 회사와 5월경 목표설정을 하는 기업의 차이는 크다.

사업 계획은 12월에 설정되는데, 개인 목표가 5월에 확정되는 엄청난 공백도 문제이지만, 어떤 가치와 성과를 창출했는가 차이도 중요하다. 대부분의 조직과 구성원들은 12월이 마지막 달이고, 1월을 시작하는 달이라 생각한다. 1월 새롭게 시작하는 달인만큼, 새 술은 새 포대에 담는다고 기왕이면 12월이나 1월초에 새롭게 목표를 세워 추진하는 것이 조직과 개인 목표의 연계뿐 아니라 실행력에도 큰 영향을 주지 않겠는가?

시기도 중요하지만 절차와 내용이 더 중요하다

성과 관리 툴인 OKR은 3개월마다 목표를 완전 새롭게 수립한다.

여기서 중요한 것은 성과 관리 기간이 1년이 아닌 3개월이다. 3개월마다 목표를 새롭게 수립하는 것이다. 대부분 우리 기업은 1년을 주기로 하면서 목표 정하기가 어렵다고 하는데, 3개월마다 도전적 목표를 정한다면 무슨 이야기가 나오겠는가?

성과 관리의 주기가 1년이라면 시작하는 1월은 의미가 있다. 하지만, 주기가 3개월이라면 시작하는 월이 1월이냐 10월이냐 큰 의미가 없다. 시기보다는 목표가 추구하는 과제의 내용과 수준이다.

어떤 목표를 설정했는가? 그 결과물이 무엇이냐? 이 수준을 높이는 것이 관건이다. 대부분 기업의 성과 관리도 결국은 목표 대비 실적을 높이는 데 있다. 보다 높은 수준의 성과창출을 원하는 것은 동일하다. 하지만, 3개월과 1년의 기간 차가 주는 의미는 매우 다르다.

목표와 결과물 중심의 성과 관리는 목표에 대한 몰입, 3개월이라는 기간의 짧음에서 오는 달성의 압박, 높은 수준의 결과물 창출이라는 부담에서 1년의 통상 관리와는 성과의 큰 차이를 가져온다.

OKR이 보다 높은 성과를 창출하는 데에는 발표와 점검, 피드백의 절차에도 있다.

OKR에서는 1주일 실적과 계획에 대해 팀원 전체가 모여 발표를 동해 추진 현황을 공유와 점검하게 된다. 조직장은 발표 이후 개별 면담을 통해 해야 할 바를 중심으로 명확하게 피드백 한다. 1년 단위의 성과 관리를 하는 기업에서는 팀원이 무슨 일을 하는가는 알지만 현재 목표 대비 무슨 일을 하고 있는지는 모른다. 팀원들의 실적과 계획을 알지 못하므로 어느 수준의 결과물을 창출했고, 목표를 얼마큼 달성했는지 모른다. 조직장도 일정 기간이 지나면 팀원들의 월별 실적을 모른다.

1년에 면담 한 번 하지 않고 평가를 하는 기업도 있다.

한다고 해도 중간이나 최종 평가 시기에 인사 부서에서 하라고 하니 형식적인 평가 면담을 실시한다. 목표에 따른 구체적인 업적 과제의 결과물, 역량 결과물 중심의 면담이 아니다. 머릿속에 있는 잘한 일 중심으로 이야기를 한다. 역량에 대해서는 한마디도 없다. 조직장도 최소 월별 기록에 의한 피드백을 주는 것이 아니라 머릿속에 인식된 사안 중심의 피드백을 준다, 면담이 형식적일 수밖에 없다. 이러한 목표와 과정 관리로서는 성과가 창출될 수 없고, 평가가 공정할 수 없다.

목표설정과 과정 관리의 프로세스를 확정하고 공유하며 실천하게 해야 한다. 목표인 실행 과제와 실행계획을 공유하여 누가 어떤 목표를 어떻게 수행하는가 알게 해야 한다. 나만 힘든 일을 하는 것이 아닌 것을 알게 하는 효과는 매우 크다. 팀장은 팀원의 근속, 역량, 직급 등을 고려하여 실행 과제의 중요도와 난이도를 결정해줘야 한다.

과정 관리 역시 4단계로 가져가는 것이 좋다.
① 매주 목표와 목표 외 대비 주간 업적과 역량의 실적과 계획을 작성한다.
② 팀원 모두가 주간 성과 공유회를 실시한다.
③ 성과 공유회 후 팀장과 개별 면담을 실시한다.
④ 면담 후 목표 수정 등을 추진한다.

주 단위 발표와 면담을 하라고 하면, 현업에서는 발표와 면담 때문에 일 못 한다는 불평이 나온다. 사실 조직장의 역할 중 매

우 중요한 것은 성과 창출과 육성이다. 이를 주 단위로 하는 것
은 기본인데, 문제는 성숙도이다. 주 단위 발표와 면담을 할 수
있을 만큼 성숙도가 되지 않는다. 그렇다고 하지 않는 것은 더
큰 문제를 야기한다. 한국 기업이라면, 월 단위 발표와 개별 면
담을 하는 것이 바람직하다. 한 달도 힘들다고 하면, 부서장 교
육을 통해 그 기법을 알려주고 실천할 수 있도록 해야 한다.

2.
목표가 왜 성과가 나지 않는가?

A사장의 한숨

A사장은 젊은 나이에 무에서 유를 창출한 대표적인 창업 CEO이다. 어릴 때에는 식당 점원, 배달, 택시 기사 등 안 해본 일이 없을 정도로 수많은 일을 했다. 지금 운영하고 있는 자동차 부품 제조회사는 A사장이 살아온 인생이다. 매일 6시에 출근하고 가장 늦은 시간에 퇴근한다. 직원 한 명 한 명을 다 기억하며, 특별한 일이 없으면 현장과 사무실을 순회하며 직원들과 작업 현장을 살핀다.

A사장은 매일 생산과 영업목표를 점검하고 전사 매출, 영업이익, 당기순이익, 종업원 수를 확인한다. 영업, 생산, R&D, 경영관리 본부장에게 매일 연간 목표와 관련하여 3가지 핵심과제를 보고받는다. 본인이 대면으로 보고받을 수 없을 때에는 8시 반 이전까지 금일 해야 할 핵심과제 3가지를 메일로 확인한다. 만약 본부장이 대면 또는 메일 보고를 하지 않을 때에는 심한 질책을 한다.

11월임에도 불구하고 전사 매출과 영업이익이 70%를 넘지 못하고 있다. 예전 같으면 90%를 초과하여 조만간 100% 달성의 기대가 있는데, 70%도 넘지 못했는데 보고하는 본부장이나 현장의 긴장감이 없다. 전 임원들을 집합하게 하고 어떻게 목표를 달성할 것인가 대책을 세워 보고하라고 했다. A사장은 자리를 지키며 임원들의 논의 상황을 지켜보았다. 전체 진행을 맡은 경영관리 본부장이 회사의 목표와 현재까지의 경영 현황을 설명한다. 매출 목표는 3천억이었으나 2천억 수준이고, 영업이익은 10%인 300억이었으나, 매우 저조한 수준인 60억을 달성했다. 매출목표도 달성하지 못한 부분도 있지만, 영업이익은 매출원가의 급증과 판매관리비의 인상으로 더 떨어질 가능성이 높았다. 경영관리 본부장은 2개월 동안 노력하여 매출 달성을 하기 위해 무엇을 어떻게 해야 할 것인가 자유롭게 의견을 말해 달라고 했다.

모든 임원들이 올해 목표 달성은 불가능하다고 한다.

− 중국과의 관계 개선이 되지 않는 한 중국 매출 30%는 달성 불가능하며

− 우크라이나 전쟁, 가나 지역의 전쟁 장기화로 원재료 값의 급격한 인상

− 미국 금리 정책에 따른 국내 금융시장의 혼란

− 인건비의 급격한 상승과 공장 인력의 이직과 채용의 어려움

− 모회사의 단가 인하 및 구매 수량 감소

− 중국 및 인도 경쟁사의 가격 경쟁 심화 등 안 된다는 이유는 많다.

뒤에서 참관을 하는 A사장과 앞에서 진행을 하는 경영관리 본부장 모두 당황하고 한숨밖에 나오지 않는다. 다들 안 된다는 이유만 있고, 어떻게 해결하여 당초 목표를 무슨 일이 있더라도 달성하겠다는 마음 자세가 안 되어 있는 것이다. 이곳이 학교도 아니고 임원들은 업무 담당자가 아니다. 책임을 지고 해내겠다는 말보다 안 되는 핑계를 대며 변명하는 모습에 화가 났다.

A사장은 연말까지 목표를 달성하지 못하면 전 임원들 사직서를 받겠다고 호통을 치며 내일 아침 출근했을 때 달성 방안과 세부 실행계획을 주단위로 작성해 올려놓으라고 지시를 내리고 나가버렸다. 경영관리 본부장은 본부장들과 매출과 영업이익을 달성하기 위한 주 단위 목표를 수립하고, 담당 임원들은 달성 방안과 세부 실행 계획을 수립하였다. 늦은 밤까지 회의를 지속했으나, 2개월도 남지 않은 상태에서 30%의 매출과 영업이익을 올릴 수 있는 방안을 모색할 수 없었다. 결국 도전 목표와 방안을 중심으로 매출 달성 방안을 만들고 경영관리본부장과 영업본부장이 A사장에게 아침 보고하는 것으로 정리하고 해산하였다.

왜 목표가 실행되지 않고 성과를 내지 못하는가?

목표가 실행되지 못하는 이유는 매우 다양하다. 크게 보면 3분류로 살필 수 있다.

첫째, 목표 자체가 잘못된 경우이다.

시장이나 고객의 욕구나 추세를 반영한 목표가 되어야 한다.

하지만, 시장이나 고객 니즈를 담당자가 파악한 추세와 욕구를 반영하다 보니 담당 조직이나 담당자를 초월한 아이디어나 시사점을 얻기 곤란하다. 결국 시장이나 고객에 대한 지식이 직원 수준이다. 이러한 파악도 전략에 반영되어야 하는데, 회사의 전략과 목표는 전년도 실적 기반에 경영층의 의지 목표로 정해지면서 시장과 고객과의 큰 격차가 발생한다. 경영층이 직접 시장과 고객, 현장을 방문하여 전사적 수준의 아이디어와 전략을 수립할 수 있는 생생한 정보를 습득해야 한다. 회사의 목표가 회사가 지향하는 모습, 방향, 시장과 고객, 경쟁사의 전략, 내부 역량과 자원을 반영하여 종합적이고 전사적으로 수립되도록 해야 한다.

둘째, 목표는 제대로 작성되었으나 실행되지 않는 경우이다.

전사 목표가 현장의 목표로 이어지지 않는 상황이 발생한다. 결론이 나지 않는 과다한 회의, 현장 상황을 고려하지 않은 일방적인 지시, 경영층이나 상사의 의중만 파악하여 보여주기 식의 목표, 책임전가형 보고와 회의, 단순 공유형 회의 등이다.

잃어버린 목표도 중요한 요인이다. 직장인이라면 당연히 전사와 본부, 상사의 목표를 알아야 한다. 심한 회사의 경우 자신의 목표도 모른다. 잃어버린 목표가 된 상태이다. 이러한 회사들은 목표에 대한 점검이 없는 주 단위 한 일에 대한 실적과 계획만 있다. 목표가 달성될 수가 없다.

과정 관리를 하지 않는 것도 실행되지 않는 이유 중 하나이다. 믿고 맡기는 것이지, 방임하는 것인지 모를 정도로 담당자가 하는 일에 무관심하게 과정 관리를 하지 않는 경우이다. 오죽하면 3연간 함께 근무한 상사와 면담 한 번 하지 않았다는 말이 나오겠는가?

이를 위해서는 인사 부서가 현업의 목표와 실행 계획으로 가기 위한 제도 수립, 점검과 피드백 강화, 성과 면담 강화, 월 단위 성과 공유회 등을 통해 실행을 높여야 한다. 조직과 직원들이 최소 월 단위로 자신의 업적, 잘한 일, 애로사항 등을 정리하여 발표하고 면담하며 보고하는 일을 습관화하도록 해야 한다. 성과 관리의 기반은 실행에 있음을 전 조직과 임직원이 내재화하고 체질화되어야 한다.

셋째, 실행은 했지만, 성과가 낮거나 나지 않는 경우이다.

가장 큰 요인은 목표 자체가 낮거나 무의미한 경우이다. 기어가더라도 목표를 달성할 수 있는 수준이거나, 앞에 목표가 있는데, 뒤로 달리는 식이다.

목표 달성을 방해하는 요인을 제거하지 못한 면도 있다. 저성과 조직이나 저성과 인력을 방치하거나 덮어두어 이들이 발목을 잡는 경우이다.

잦은 조직개편과 이동도 한 몫을 한다. 중소기업의 경우, 1년에 여러 차례의 조직개편과 직원 인사이동을 실시한다. 자신이 어떻게 될지 모르기 때문에 실행이 될 수가 없다.

조직문화도 큰 몫을 차지한다. 책임을 강화하면 도전과 실패

가능성이 높은 일은 하려고 하지 않는다. 타 부서와의 협업도 이루어지지 않는다. 이기주의가 강한 조직은 힘들고 부가가치가 낮은 업무를 하지 않는다. 이러한 회사들은 안 되는 이유부터 찾고 책임에서 벗어나려고 한다.

도전적 업무 부여 및 확정, 저성과 조직과 인력에 대한 강력한 대처, 조직문화의 개혁을 통한 심리적 안정감 기반의 성과주의 문화 구축, 소통과 협업의 강조 등 활동을 전개해야 한다. 쉽지 않다. 어렵다고 하지 않을 수 없다. 리더가 그 중심에서 길고 멀리 보며 일관성, 지속적으로 이끌고 가야 한다. 결국 조직과 직원의 성장과 성과는 리더의 리더십에 비례함을 항상 기억하고 실천해야 한다. 과정 관리의 중요성이다.

3.
모호한 피드백이 주는 피해

이름 없는 생일 축하 선물

어릴 적 성당에 다닐 때, 오른손이 한 일을 왼손이 모르게 하라고 배웠다. 직장생활을 하면서 이런 행동이 오해와 갈등을 낳을 수 있음을 알게 되었다. 물론 상대에게 굳이 자신을 밝히지 않으려는 생각으로 보이지 않는 선행을 하지만, 받은 상대의 입장에서는 부담이 되는 경우가 많다.

생일 날 아침, 책상에 꽃 한 송이가 놓여 있고, 작고 예쁜 카드에 '생일 축하한다'라는 글이 적혀 있다. 누가 놓은 것인지 모르는 경우에 어떻게 하겠는가? 필자는 "생일 축하해 주셔서 감사드립니다. 저에게 이름 없는 사랑을 전한 분이 계신데, 제가 너무 부담이 됩니다. 생일날 고민에 빠지지 않도록 배려 부탁드립니다. 오늘 모두 행복하세요" 수준으로 큰 소리로 말할 것이다. 아니면, 전체가 오는 휴게실에 음료를 놓고 "말 없이 선물을 주신 분을 위해 놓았다" 정도로 마무리할 것이다. 누구인지 모르면 오랜 기간 찜찜한 기분이 지속될 것이다. 이보다는 자신의 어려움을 털어놓고 나중에라도 대상을 밝히는 편이 옳지 않을까?

다면 평가 왜 하는가?

생일 선물과는 다른 예가 되겠지만, 많은 회사가 무기명 다면 평가를 한다. 자신이 알지 못하는 많은 이야기가 있다. 강점에 대한 내용도 있지만, 단점에 대한 내용도 있다. 만약 본인이 아래 직원들에게 다면 평가를 받았다면 그 결과를 인정하고 얼마나 공감할까? 본인이 공감하지 못한 결과에 대해서는 도대체 왜 이렇게 답변을 했을까 매우 궁금할 것이다. 긍정적 내용에 대해서는 관대하고, 부정적 내용에 대해서는 민감하다. 무기명이면 누가 왜 이렇게 답변했을까 알 수가 없어 인사팀에 누가 했느냐를 묻거나, 팀원 한 명씩 불러 했는가를 묻는 등 불필요한 갈등이 발생하기도 한다. 팀원과 팀장은 역할이 다르기 때문에 팀장이 해야 할 일과 고충을 팀원은 모르는 경우가 있다. 30명의 학생을 가르치는 교사의 역할과 심정을 학생 개개인이 알까? 물론, 다면 평가의 많은 장점이 있다. 하지만, 부정적 내용을 무기명으로 적으라고 강요하는 것은 옳지 않다고 생각한다.

비슷한 예지만, 내부 불편사항이나 불만사항을 건의하는 '신문고 제도'도 무기명으로 운영하는 회사가 많다. 오죽하면 신문고에 올렸겠는가 이해는 되지만, 무기명으로 하는 것은 개인적으로는 바람직하지 않다고 생각한다. 자신이 떳떳하고 억울하다면 피해를 볼 것이 두려워 비겁하게 무기명이라는 틀을 활용하는 것은 아니다. 자신의 생각이 옳고, 조직과 구성원에게 이익이 된다면 반대를 무릅쓰고 당당하게 나아가야 한다.

직원에게 어떻게 피드백을 줘야 하는가?

팀장보다 나이가 많고 성격도 불 같고, 불평불만이 많지만 역량과 성과가 떨어지는 A팀원이 있다. 상반기 평가의 시점이다. 잦은 화로 타 팀원들은 보이지 않게 A팀원을 피하는 입장이며, 인사는 하되 일은 함께하려고 하지 않는다. 팀원들은 A팀원이 요청하는 일을 도와는 주지만, 진심에서 도와주는 것이 아닌 하지 않았을 때 받게 될 두려움에 마지못해 한다. A팀원에 관한 일이라면 일체 말을 하지 않는다. 모두가 한 명 받지 않아도 좋으니 제발 A팀원이 팀에서 사라졌으면 좋겠다고 생각한다.

팀장으로 A팀원과 상반기 면담을 한다면 어떻게 피드백 하겠는가? 입장도 있고 돌려서 이야기하고 짧게 면담을 마무리하겠는가? 아니면 A팀원의 잘못과 애로사항을 놀라고 긴장할 만큼 강하게 질책하고 나가라고 하겠는가?

팀원과의 면담을 할 때에는 정확하게 피드백 해주어야 한다. 본인이 지금 어느 수준이며, 무엇을 해야 하는가 명확하게 제시하고, 그 바탕에서 역량을 올리고 성과를 창출하도록 방안을 모색해야 한다. '좋은 것이 좋다'. '어차피 내가 아니어도 누군가

하겠지', '괜히 건드려 분위기 망칠 필요 있나" 등과 같은 생각
을 가지고 있으면 조직장이 아니다.

조직장은 좋은 사람이 되려고 노력하는 사람이 아니다. 조직
과 구성원의 경쟁력을 키워주는 사람이다. 그러므로 조직장은
온정과 냉정을 겸비하고 전체를 봐야만 한다.

4.
직원을 바보로 만드는 상사

직원을 고민하고 성장하게 하고 있는가?

4유형의 임원이 있다. 첫째 유형은 똑똑하고 하나에서 열까지 꼼꼼히 챙기며 실행하게 한다. 둘째 유형은 똑똑하고 직원들에게 명확하게 지시하지만, 실행은 직원이 자율과 주도적으로 처리하도록 한다. 셋째 유형은 방향과 중점과제를 내리지 못하지만, 자신이 한 말은 잊지 않고 신속하게 실행하도록 한다. 넷째 유형은 방향도 중점 과제의 제시도 없고 직원들이 무엇을 하든 관심이 없다.

A임원은 꼼꼼하다고 소문나 있다. 아래 직원에게 업무 관련한 사항을 전달할 때에도 빽빽하게 적고 피드백을 한다. A임원이 부르면 최소 20분 이상 정신교육을 받지만, 자신이 무엇을 잘못했다는 것은 분명하게 알고 나온다. A임원은 업무지시를 내릴 때, 하나부터 열까지 꼼꼼히 살피며 최대한 그대로 추진하도록 한다. 반면, B임원은 방관형이다. A임원과는 다르게 직원을 불러 꾸중하거나 지도하는 적이 없다. 일을 지시할 때 제목

정도만 알려주고 직원이 해오도록 한다.

A임원과 B임원하의 직원들은 모두 죽을 맛이다. A임원의 직원들은 임원 부재 시 의사결정을 하지 못한다. 시킨 일에 익숙해져 자신의 생각을 담는 고민이 적었기에 갑작스럽게 처음 접하는 상황에 몹시 당황하며 어찌할 바를 몰라 한다. 반면, B임원의 직원들은 매일 밤샘이다. 경영층이 방향이 틀렸다, 다른 대안을 모색하라, 추진 프로세스가 잘못되었다는 지적에 보고서를 몇 번이나 수정한다. 매번 다른 차원의 고민을 해야 하기 때문에 쉽게 지쳐버리고 만다.

이런 직원들에게 어떻게 지시를 내리고 어느 정도 고민하게 하는 것이 옳은가?

직원을 바보로 만드는 상사

직원들이 자기 생각이나 아이디어가 없이 그저 상사가 시키는 일만 하면 바보가 된다. 자신이 하는 일의 바람직한 모습을 생각하며, 전략과 구체적인 과제를 도출해야 한다. 자신이 정한 틀에 부합되는 자료를 수집해야 한다. 다양한 자료들을 일정한 분석방법으로 처리하여 대안을 만들고 보고서를 작성해야 한다. 이러한 실행의 과정을 악착같이 추진하는 열정을 보여야 한다.

만약 상사가 일에 대한 권한과 결정권을 직원에게 주지 않으면 직원을 바보로 만들고 있는 상사라고 할 수 있다. 이런 상사는 요즘 젊은이들이 배우려고 하지 않는다며 치열함과 열정이 없다고 하소연한다. 역량도 떨어져 도전과제를 줄 수 없고 믿고 맡길 수 없다고 한다. 일을 지시할 때, 업무의 방향이나 큰 그림은 주지도 않으면서, 방향이 다르다 또는 분석의 틀과 방법이 잘못되었다, 보고서 또는 결과물에 오탈자라도 있으면 해당 직원을 큰 소리로 질책한다.

직원을 키우는 상사는 직원을 편하게 하거나 고민없이 시키는 일을 하게끔 하지 않는다. 직원들을 고민하게 하고 가치를 높여 준다. 직급이 낮은 직원에 대해서는 꿈과 목표 그리고 강점을 더 강화해 준다. 남의 생각이 아닌 자신의 생각을 주장하게 하고, 직접 일을 추진하여 일을 처리하는 과정에서 배우게 한다. 직급이 높은 직원에 대해서는 적을 만들지 않고 잘못된 언행이 없도록 단점을 보완해 주는 등 관계와 리더십 배양에 큰 자극을 주며 느끼게 한다. 높은 성과를 창출하도록 자발적이고 주도적인 메가 프로젝트를 기획하여 수행하도록 한다.

리더인 상사가 직원을 키우지 않는 이유는 다양하다. 가장 큰 이유는 자리에 대한 생존 본능이다. 직원이 성장하면 자기 자리가 위태롭게 될 수도 있다는 불안감이다. 이러한 리더들은 오직 자신의 생존만 생각한다. 그렇기 때문에 회사에 큰 성장 장애물이 된다. 이들은 미래에 대한 비전과 전략도, 역량도, 열정도 없는 사람이기 때문에 최대한 빨리 보직 해임하거나 퇴출해야 한다. 이들이 저지르는 가장 큰 잘못은 회사에 무능력을 전염시키고 꿈과 열정이 있는 직원을 바보로 만든다는 점이다.

5.
주 단위 업적과 역량 관리
불가능한가?

평가 때문에 일 못 한다?

대부분 기업은 주간 업무 실적 및 계획 보고를 한다. 한 주 동안 한 일을 점검하고 다음 주 업무 계획을 살피는 데 그 목적이 있다는 것을 모르는 사람이 없다. 자연스럽게 주간 업무 실적과 계획 보고서를 작성하는 것에 불만이 없다. 조직장 입장에서는 주 단위의 업무 점검을 할 수 있는 가장 손쉬운 방법이기 때문에 직원 각자가 작성하고, 한 명이 전체 취합하여 팀의 주간 업무 보고서를 작성한다. HR 부서에서는 평가의 공정성과 보다 높은 성과 창출 위해 주 단위 업적을 점검하고, 피드백을 하라고 한다. 현업에서는 '점검과 피드백만 하면 언제 성과를 달성할 것이냐?', '평가 때문에 일 못 하겠다'며 불만 가득하다. 조직과 구성원을 육성하고, 성과를 창출하는 일이 조직장의 기본 역할이지만, 이들은 평가의 불만이 크다.

주 단위로 업무 실적과 계획은 모두 작성하라고 하면서, 했던 일에 대한 면담이나 피드백은 하지 못한다는 것은 이해할 수 없다. 그냥 평가가 싫은 것이다.

문제가 더 있다.

첫째, 주간 업무 실적과 계획은 그 주의 했던 일 중심으로 작성이 되고, 요약하기 때문에 목표 대비 어떤 일을 했고 목표가 얼마나 진행되고 있는 가를 파악할 수 없다. 그냥 형식적인 지금 우리가 이런 일을 하고 있다는 보여주기밖에 의미가 없다.

둘째, 역량에 대해서는 목표도 없고 기록도 없다. 작성하지 않으니 지금 어떤 목적으로 어떤 역량을 어떻게 강화하고 있는가 기준도 없다. 필요성은 알고 있지만, 항상 우선순위에 밀려 잊혀지게 된다. 연말에 가서 역량 강화를 위해 무엇을 했나 살펴보면 적을 것이 없다.

주 단위 업적과 역량 관리를 해야만 한다

A팀장은 팀원들의 주별 목표 대비 업적과 역량 향상 실적과 계획을 전부 적게 한다. 팀원들의 주간 업적과 역량을 보며 A팀장은 3가지 일을 반드시 한다.

첫째, 팀 목표에 대한 주간 실적과 기타 보고이다. A팀장은 팀 목표 대비 팀원들의 실적을 보며 주간 팀 업적을 작성한다. 목표별 한 일, 진척율, 다음 주 할 일을 정리한다. 본인과 팀원의 역량 향상 결과, 주별 잘한 일 3가지, 특이사항, 제언 사항을 정리한다. 이를 기준으로 금요일 본부장에게 20분 정도 면담을 통해 보고와 피드백을 받는다.

둘째, 팀원들과 '주간 성과 공유회'이다. 개별 작성된 주별 업적과 역량에 대해 팀원들 모두 발표를 하게 한다. 다음 주 해야 할 일, 역량에 대한 재 강조, 잘한 일과 애로사항, 팀의 목표에 대한 실적 등을 설명한다.

셋째, 개별 면담이다. 발표가 끝나고 팀원 수를 고려하여 면담 가능한 1~2일 정도를 주며, 팀원 모두가 자신의 면담 일시를 팀 게시판에 올리게 한다. 면담은 20분 정도 실시되며, 팀원들은 업적과 역량에 대해 세부 이야기와 팀장의 피드백을 듣게 된다.

A팀장은 모든 팀원들의 업적과 역량에 대한 자료를 클리어 파일로 관리한다. 발표 또는 면담 시, 팀원들이 가져온 목표와 목표 외 대비 업적과 역량 결과물을 보며 피드백한 사항을 적어 놓는다. 면담을 할 때, 반드시 파일을 가져가 지난 주 지시사항, 금주 지시사항이나 제언사항들을 확인한다. A팀장은 개인별 목표 진척율, 중점과제 수행 정도, 기타 수명 과제, 조언 사항 등을 점검한다. 한 주 동안 지켜본 결과를 중심으로 피드백을 하기 때문에 팀원들은 팀장의 피드백을 통해 일에 임하는 생각, 일하는 방식 등에 영향을 받는다.

주변에서 A팀장에게 전 팀원을 대상으로 어떻게 주단위로 발표와 면담을 할 수 있나 질문한다. A팀장의 팀원은 6명으로 발표와 면담을 하는 데 3시간 미만 소요된다고 한다. 발표는 인당 5분, 면담은 20분으로 제한하였다. 처음에 발표 후 상호 피드백 시간이 있었는데, 활성화 되지 않아 공지사항으로 대체하였고, 팀장이 발표 마지막에 당부 사항으로 마무리하게 되었다. A팀 팀원들은 주 단위 발표와 면담에 대해 처음에는 귀찮고 통제 받는다는 생각을 가졌으나, 지금은 당연히 해야 할 일이라고 생각한다. 자신들이 모르는 자신의 언행에 대해 팀장이 피드백해 주고, 목표 대비 업적과 역량에 대한 조언이 고맙다고 한다. A팀의 목표 달성율과 팀워크가 강해지는 것은 당연하다.

중요한 일이라면 더욱 소중하게 생각하고 집중하여 실행해야 한다. 조직장으로서 성과를 높게 창출하고, 조직과 구성원의 역량을 강화하는 것은 그 무엇보다 중요하다. 주 단위 점검과 피드백 때문에 일을 못 하는 것이 아니라 이것이 성과와 역량 향상의 가장 중요한 일이다. 분기 또는 반기 면담을 하는 조직장은 반성해야 한다.

6.
어떻게 면담할 것인가?

기업의 평가자 교육 또는 면담 방법을 강의하면서 답답함이 느껴진다.

대부분의 기업은 1년에 1번 성과평가를 실시한다. 요즘과 같은 변화의 속도가 빠른 환경에서 1년 평가체계를 가져가고 중간에 목표 조정을 하지 않는다면, 연말 또는 연초에 설정한 목표는 의미가 없게 된다. 그렇다고 정기적 시기를 정해 직원을 면담하여 역량과 성과를 점검하고 개별 맞춤형 육성을 해주는 조직장도 그리 많지 않는다. 이런 상황이 지속되면, 직원들은 근무하면 할수록 정체될 뿐 성장하지 못한다는 생각, 이곳에서는 퍼 주기만 한다는 생각, 일에 대한 자부심과 재미는 어느 순간 사라진다. 기회가 있으면 다른 직장이나 직무를 해 보고 싶다고 생각하며 먹고 살기 위해서 이곳을 다닌다고 말한다.

이렇게 되기까지 여러 원인이 있겠지만, 조직장이 면담만 잘해도 이런 생각은 많이 사라지며 보다 일에 대한 자부심과 조직 특히 조직장에 대한 애정이 강화된다.

면담 상황 1) 내년 2월 반드시 승진해야 하는 고참 차장

이 차장은 팀의 가장 고참이지만, 업무 수행 역량은 그리 높은 편이 아니다. 회사는 차장에서 부장이 되지 못하면 절대 관리자가 될 수 없는 직위 체계를 가지고 있고 통상 8년 안에 승진하지 못하면 퇴직까지 차장으로 근무해야만 한다. 이 차장은 내년이 8년차이다.

중간 평가 기간이 되어 김 팀장은 팀원들의 업적과 역량을 살피니 이 차장은 중간 수준이었다. 인사팀에 알아보니 이번에 이 차장이 S등급을 받으면 내년 부장 승진 대상자에 포함될 수 있다고 한다. 같은 평가군의 최 과장은 업무능력이 뛰어나고 팀의 중요한 업무를 혼자 담당하고 대인관계가 좋아 팀원들로부터 신뢰를 받고 승부욕과 승진에 대한 욕심도 강하다. 당신이 김 팀장이라면 중간평가 면담 시, 이 차장에게 무슨 이야기를 해줄 것이며, 조직장으로서 무엇을 잘못했는가?

면담 상황 2) 뛰어난 업적을 창출한 2명의 과장

연말 평가를 앞둔 김 팀장의 심정은 복잡하다. 10명의 팀원 중에 2명의 과장이 획기적인 성과를 창출했으나, 회사는 철저한 상대평가제도를 가져가기 때문에 1명밖에 S등급을 줄 수 없다. 만약 1명이 다른 팀에 있었다면 무조건 S등급인 상황에서 A등급을 받게 될 과장에게 조직장인 당신은 어떻게 면담하겠는가?

면담의 원칙이 있는가?

면담을 어떻게 준비하고 유의하라는 많은 자료들이 있다. 사실 면담할 때 많은 유의사항을 모르는 것은 아니지만 그렇게 하지 않는다. 조직장이 노력을 해도 면담을 좋아하는 직원은 그리 많지 않다. 특히, 연말 평가 면담과 같은 경우, 직원들은 다 정해 놓고 설득하려고 하는 형식적인 자리라고 생각한다. 이런 마음을 갖고 있는 직원과의 면담에서 얻고자 하는 바와 역량과 성과를 높이려는 노력은 무의미하게 된다. 면담에 대한 조직장과 직원 간의 원칙이 없기 때문에 발생되는 현상이다. 조직장은 자신의 면담에 대한 원칙을 정해 구성원에게 공유하고 기회가 될 때마다 원칙을 강조하여 하나의 습관이 되도록 해야 한다. 1년에 단 한 번 평가 면담을 하고 면담을 했다고 이야기하는 것은 조직장의 역할을 제대로 수행하지 못하고 있는 것이다.

면담의 원칙으로 다음 5가지를 실시하면 어떨까?

1) 최소한 월1회는 정기적으로 면담한다. 조직장이 정한 일정 기간 내에 직원이 신청한다.

2) 월 성과와 역량 실적과 계획을 가지고 면담한다.

3) 면담 시 최초 5분은 직원이 이야기한다.

4) 면담 시간은 길어도 20분을 넘기지 않는다.

5) 마무리는 피면담자의 목표 진행, 차주(월) 중점과제, 생각과 일하는 방식에 대한 개별 피드백으로 한다.

이 외의 면담 원칙을 정해 구성원에게 공유하여 실천하게 하면 보다 유의미한 면담이 될 수 있다. 물론 처음 2~3번은 어색하고 불편할 수 있겠지만, 일관성을 갖고 지속적으로 한다면 20분 안에 마무리되는 면담은 가장 좋은 학습이 된다.

조직장으로서 면담 원칙은 어떤 상황이 임박하여 면담하기보다는 직원의 이슈를 충분히 파악하여 사전에 조치해야 한다.

7.
팀의 사기와 성과를 높이는 팀장의 과정 관리 방법

김 부장은 그룹 신사업 경진대회에 아프리카 진출 프로젝트를 발표하여 대상을 받고, 이 프로젝트를 수행하는 신사업팀의 팀장이 되었다. 평소 내성적 성격이지만 논리와 합리적으로 일 잘한다는 평을 받고 있던 김 부장이었기에, 팀장이 되어 본인이 구상한 아프리카 진출 프로젝트를 잘 수행할 것이라고 경영층은 믿었다. 5명의 팀원으로 시작한 팀은 회사 최초로 개인 희망에 의한 자율적인 팀이었고 새로운 프로젝트에 대한 기대에 활기가 차 있었다. 하지만, 3개월이 되지 않아 팀원들 한 명 두 명 타 부서로의 전출을 요청하거나 퇴직을 하겠다는 말에 김 팀장은 고민이 많다. 도대체 무엇이 잘못일까?

팀장의 역할이 무엇인가 알고 있는가?

팀장이 자신의 역할을 알지 못하면 팀은 중심을 잃고 마치 배가 산을 향해 가는 것처럼 오합지졸이 되고 만다. 팀장이 되기 전부터 체계적으로 팀장의 역할을 교육받고, 그 역할별로 준비할 수 있는 충분한 시간이 있어도 다양한 상황에 적지 않은 갈등이 있을 수 있다. 대부분 팀장들은 체계적인 교육은 고사하고 자신의 상사가 하는 모습을 보며 배웠고, 팀장의 역할을 수행하고 있다. 김 팀장처럼 준비가 되어 있지 않은 상태에서 갑자기 팀이 생기고 5명의 의욕에 찬 팀원들이 구성되었을 때, 팀장의 역할을 명확하게 알았다면 본인의 프로젝트를 중심으로 뛰어난 성과를 창출할 수 있었을 것이다. 팀장은 무슨 역할을 해야 하며 이를 어떻게 소통해야 하는가?

첫째, 팀장의 가장 중요한 역할은 팀이 수행해야 할 R&R(역할과 책임)을 중심으로 비전, 전략, 중점 과제를 수립하고 내재화 하며 팀원들이 실행하여 성과를 내게 하는 일이다. 팀장은 방향을 정해 팀원들이 모두 한 방향으로 가게 해야 한다. 자신이 정한 비전과 전략 및 중점과제를 수시로 이야기해야 한다. 필요하다면 화이트보드에 적어 놓고 볼 때마다 강조해야 한다. 팀원들 입에서 방향을 모르겠다는 말이 나오면 팀장의 역할을 제대로 하지 못하고 있다고 보면 된다.

둘째, 팀원들의 역량을 고려하여 목표를 부여하고 과정 관리를 하여 역량을 성장시키고 일의 성과를 창출하는 것이다. 사람마다 모두 다르다. 팀원들의 역량과 품성을 고려하여 목표를 부여해야 한다. 부여된 목표에 대해 팀원들이 어떻게 그 목표를 달성할 것인가 계획을 세우고 구체적 추진 일정을 가져오도록 해야 한다. 주 단위로 주간 업무 실적과 계획을 작성하게 하고 하는 일이 팀의 전략과 목표에 부합되는가를 점검해야 한다. 주간 역량 실적과 계획을 작성하게 하여 팀원의 수준을 높여야 한다. 업무와 역량에 대한 실적과 계획표를 중심으로 면담을 실시하여 팀원들 스스로 잘하고 있는지 못하고 있는지를 판단하게 해야 한다. 이러한 과정이 조직과 팀원을 성장하게 하고 성과를 내는 원동력이 되도록 해야 한다.

셋째, 상사—동료—팀원과의 커뮤니케이션을 통해 조직과 구성원을 육성하는 것이다.

팀장의 소통은 관계 정립도 중요하지만, 일이 중심이 되어야 한다. 팀장 중에는 내리 사랑이라고 팀원들과 밀착하여 소통하는 경향이 있다. 상사와의 소통이 너무 적다. 상황이 이렇다 보면 상사의 의중을 알지 못해 일이 잘못될 가능성이 높아진다. 팀장은 상사의 업무 목표, 힘들어하는 점, 성격의 장단점, 업무 스타일 등을 파악하고 있어야 한다. 상사의 의중을 알고 한발 앞서 조치하는 팀장이 인정받는다. 또한, 팀장은 일을 지시하면서 전체 방향, 프레임워크, 중점 내용을 설명해야 한다. 팀장이 징검다리 역할만 하면, 팀원들이 방향을 정하고 전략을 짜며 방안과 추진일정을 전부 혼자 작성해야 한다. 어떻게 팀장을 존경하겠는가?

팀장은 상사와의 코드 맞춤, 팀의 비전과 전략 및 중점 과제의 수립과 공유, 효과적인 일하는 방식, 일 중심의 소통(목표—과정관리), 사전 팀원과의 공감대 조성이 소통의 중심이 되도록 이끌어야 팀의 성과와 팀원의 역량은 높아지게 된다.

8.
최종 연말 면담,
이렇게 하면 어떨까?

이런 면담 왜 하지?

연말 평가 면담을 한다는 업무 연락 메일이 도착했다. 10명의 팀원 대상으로 연말 평가 면담을 팀장이 하겠다고, 일시 및 장소가 정해져 있다. 사전 질문도 준비물도 없이 연말 성과 면담에 따른 일시와 장소가 전부이다. 팀장과 여러 해 함께 근무했던 선배들은 회사가 연말이니까 평가 면담하라고 팀장들에게 요청했다고 확신한다.

김 대리는 2년 먼저 입사하여 팀에 근무하는 선배에게 "무엇을 준비해야 합니까?"물으니 준비물 없이 들어가면 팀장님이 다 알아서 한다고 한다. 면담 당일 다이어리를 들고 들어가니, 팀장이 자리에 앉으라고 하며 질문한다. "올해 김 대리의 가장 잘한 업적을 이야기해 주세요?" 업적에 대해 생각나는 것을 설명하니, 역량에 대한 올해 노력했던 바를 설명하라고 한다. 특별히 생각나는 것이 없고, 내후년도 자격증 취득을 목표로 삼겠다고 했다. "일을 하면서 애로사항 또는 팀장이나 임원진에게 건의할 사항이 있나요?" 없다고 말하자 더 할 이야기 있으면 하라고 한다. 특별히 할 말도 없고 해서 평가 등급을 묻고 싶었으나 없다고 하니 수고했다며 나가라고 한다. 자리에 앉아 이런 면담 굳이 왜 하는가 생각하다 하라니까 하는 것이겠지 하며 작업했던 PC를 연다.

최종 연말 면담에서 얻고자 하는 것이 있다면 무엇인가?

연말 면담은 그동안 해왔던 업적과 역량에 대한 종합 점검과 피드백이라고 많이 이야기한다.

3개의 팀을 비교해 보자. A팀은 팀장이 특별한 일이 아니면 면담을 하지 않는다. 팀원에 따라서는 1년 동안에 단 한 번도 면담을 한 적이 없다. 보고서와 일의 과정이나 결과를 보며 불러 지시하거나 질책하는 것을 팀장은 면담이라고 생각한다. B팀은 매월 개별 면담을 실시한다. 월 업적에 대한 발표와 건의사항 중심으로 팀장과 1시간 정도 항상 이야기를 나눈다. 대부분은 팀장이 말하고 팀원은 듣는 수준이다. C팀은 매주, 매월 팀 업적과 역량 공유회를 시작한다. 자신의 업적, 역량, 잘한 점 3가지를 5분 이내로 발표한다. 모든 팀원의 발표가 끝나면, 금주, 금월 BEST 상을 선정하고, 애로사항이나 건의사항을 이야기하고 없으면 마친다. 이후 매주, 매월 개별 면담을 실시한다. 5분 동안 할 일, 역량 강화 방안, 건의사항 등을 팀원이 말하면, 팀장이 업적과 역량 및 관찰 사항에 대해 피드백을 준다. 필요 시, 새로운 과제를 부여하고, 실시하는 과제를 중단시키기도 한다. 어느 팀이 성과가 높겠는가?

C팀장은 연말 최종 면담은 업적과 역량에 대한 점검과 피드백 시간이 아니라고 한다. 연말 최종 면담은 1연간 팀과 팀장을 위해 노력과 희생을 해 준 팀원에 대한 감사의 시간으로 감동을 주는 것, 다음 연도의 업적과 역량에 대한 높은 목표를 부여하여 도전하고 높은 수준의 성과를 내게 하는 것이 목적이라고 한다.

최종 면담, 무엇을 준비해야 하는가?

C팀장은 연말 최종 면담 때 팀원 한 명 한 명을 생각하며 몇 가지를 준비한다. 가장 먼저 준비하는 것은 편지이다. 팀원 개개인을 생각하며 1년의 목표, 생활하면서 느낀 점, 좋은 기억, 칭찬할 점, 내년도 바라는 바를 감사하는 마음을 담아 작성한다. 반드시 가족에 대한 내용을 담고 함께 할 시간을 뺏은 것에 대해 미안함을 표한다. 다음이 내년도 목표이다. C팀장은 업적과 역량 목표를 구분하여 팀원에게 높은 수준을 제시한다. 업적 목표는 실행 과제로 역량에 따라 다르지만, 통산 5개 정도의 과제를 부여한다. 역량은 해야 할 내용을 정량적으로 제시한다. 예를 들어 개선 과제 5건, 독서 후 정리 및 공유 30권, 가르치는 시간 20시간, 제안 30건, 자격증 1차 합격 등이다. 그 다음이 선물이다. 팀원 개개인의 선물을 준비한다. 인원에 따라 다르지만, 10명 미만의 경우 인당 10만 원 상당이다. C팀장은 팀원 중 아이가 있는 경우에는 아이 선물을 최우선으로 한다. 마지막, 팀원 개개인의 업적과 역량 클리어 파일을 정리한다.

C팀장은 최종 면담에 들어오는 팀원에게 1년간 자신이 느낀 총괄 소감을 듣는다. 긍정적으로 이야기하는 팀원도 있고, 아쉬움이 있는 팀원도 있다. 팀원의 이야기를 듣고 난 후, 편지를 읽으라고 한다. 그 다음 선물을 준다. 마지막, 1장의 업적과 역량 목표를 전달하며 도전적인 목표이기에 부담이 될 것이라 말하고 1주일 이내에 목표에 대해 개별 면담을 하자고 제안한다. C팀장은 최종 연말 면담에 평가 등급과 순위에 대한 이야기를 하지 않는다. 1연간 잘한 점과 아쉬운 점도 전혀 없다. 업적과 역량의 점검과 피드백은 매주 매월 하는 것이라고 그는 생각한다.

III

평가

성공 비결 8가지

1.
지금 평가자 교육을
해야만 한다

왜 직원은 평가가 공정하고 투명하지 않다고 생각하는가?

기업에 따라 평가의 주기가 다르다. 많은 기업들이 1월~12월 평가 주기를 가져간다. 하지만, 어느 기업은 5월~4월이기도 하고, 3월~2월이기도 하다. 외국계 기업에서는 매 분기별로 하기도 하며 심한 경우 매월 평가를 하는 기업도 있다.

'조직장의 역할과 성과 관리' 강의를 하면서, 조직장의 중요한 역할 중 하나가 바로 조직과 구성원의 성장을 통한 성과 창출이라고 강조한다. 성과 관리는 조직장의 중요한 역할임에도 불구하고 많은 기업에서 조직장 대상으로 성과 관리 또는 평가자 교육을 실시하지 않는다. 가장 큰 이유는 바쁘기 때문이다. 다 알고 있다는 생각도 있다. 업무 연락을 통해 언제부터 평가를 실시하니 이런 점을 유념하시고 평가를 마무리해달라고 한다. 업무 연락에 반드시 포함되는 내용이 구성원 면담이다. 평가에 앞서 반드시 실시하라고 한다. 업무가 바빠 교육도 하지 못하는데, 평가를 위해 구성원 면담을 할 수 있겠는가? 설령 한다고 해도 형식적으로 실시한다. 면담이 끝난 후 구성원들이 '다 정해 놓고 왜 형식적으로 면담을 하느냐?'는 불만을 갖는 이유이기도 하다.

평가가 공정하다고 생각하는 구성원은 그리 많지 않다. 상대 평가를 실시하는 회사의 구성원 대상으로 설문을 진행하면, 가장 높은 등급을 받은 구성원도 매우 만족에 체크하지 않는다. 대부분 기업의 평가 설문에 대한 긍정 응답율(5점 척도 중 만족4, 매우 만족 5척도만 반영)은 20%를 넘지 못한다. 공정하지 않다고 생각하는 우선순위 3가지는 불충분 부적절한 면담과 피드백, 목표 설정의 어려움과 모호, 성과 역량보다는 조직장과의 관계가 결정이라고 한다. 평가를 실시하고 구성원의 불만이 증대하고, 이를 기반으로 승진과 보상이 결정되기 때문에 최근에는 성과 관리는 하되 평가는 하지 말라는 평가 무용론이 대두되고 있다.

왜 평가를 하며 어떻게 해야 하는가?

우리나라 기업에서는 성과 관리보다는 평가(평정)라고 많이 사용한다. 사실 평가는 성과 관리의 한 수단이다. 성과 관리는 목표 수립 및 조정, 점검과 피드백 면담을 통한 과정 관리, 기록에 의한 평가, 평가 결과의 활용으로 구분된다. 하지만, 기업에서 성과 관리보다는 평가로 이를 추진했기 때문에 성과 관리자 교육이 아닌 평가자 교육으로 통용되고 있다.

평가를 하는 목적은 조직과 구성원의 성장, 회사의 성과(이익) 창출을 하기 위함이다. 물론 인사적 관점에서 보면, 회사의 전사 성과 추이 분석, 인력 유형별 관리 기초, 본인의 강약점 제시, 공정한 보상과 승진 등 인사제도 운영 등의 다양한 목적이 있다.

평가자 교육의 필요성과 내용 및 시기

조직장이 성과 관리의 중요성의 자각하여 최소 월별 업적과 역량 목표에 대한 점검과 피드백을 주도적으로 추진하면, 평가자 교육을 실시할 필요가 없다. 조직장의 당연한 역할이고 제대로 하는 것이 의무이며 책임이기 때문이다. 하지만, 대부분 조직장이 현업에 지쳐 힘들어하고 있다. 당장 처리해야 할 긴급한 업무로 인해 중요한 것은 알지만, 항상 우선순위에서 밀리고 어느 순간 기억하지도 못한다. 인사 부서의 평가 업무 연락을 보며 그때부터 주어진 양식에 맞추어 평가를 실시한다. 기록이 없기 때문에 그동안 머릿속에 있는 기억을 중심으로 평가를 한다. 그렇다 보니, 역량평가는 목표도 과정 관리도 없다. 심각한 것은 보유하고 표현된 역량과 역량 평가서의 역량과는 큰 차이가 있을 수밖에 없다는 점이다. 업적 평가도 월별 결과물과 잘한 점을 알지 못하고 결과에 의한 평가를 할 수밖에 없다. 그 결과도 구성원이 작성한 연말 자기 평가에 의지하게 된다. 구성원 입장에서는 나에 대해 알고 평가를 하는 것인가 의구심을 갖게 된다. 오죽하면 성과 역량보다 관계가 모든 것을 좌우한다고 하겠는가? MZ세대가 공정을 부르짖는 이유이기도 하다.

평가자 교육은 10월 중순부터 11월에 반드시 해야 한다. 크게 보면 2가지 목적이 있다. 하나는 당해년도 목표에 대한 초과 달성이다. 당해년도 실시한 목표 대비 결과를 월별로 취합하여 분석하고, 남은 기간 최선을 다해 초과 달성토록 최종 점검의 측면이 있다. 다른 하나는 사업계획과 연계한 실행 과제 중심의 내년도 목표를 부과하는 데 있다.

평가자 교육을 하기 전 사전에 구성원에게 받아야 할 것이 있다.

1) 목표 대비 업적에 대한 매월 결과물, 목표 이외의 업적 결과물

2) 목표 대비 역량에 대한 매월 결과물(결과물이 없다면 했던 노력)

3) 매월 자신이 잘한 3가지

4) 평가 기간 업무 수행 시, 애로사항, 건의사항, 조직장이 지원하길 원하는 사항이다.

평가자 교육은 평가의 목적과 프로세스별 착안점, 평가와 면담 요령, 여러 상황에 대한 조치 방법, 회사의 강조 사항을 중심으로 최소 2시간 이상 실시하는 것이 바람직하다.

2.
왜 평가 결과를
공개해야 하는가?

평가 결과의 활용

상대평가를 적용하고 있는 A회사는 고민이 많다. 상대평가에서 오는 부서와 개인의 갈등이 심하기 때문이다.

A회사는 조직장의 불만과 애로사항을 듣고, 평가 결과 공개를 본인에게 하지 않기로 했다. 다만, 조직관리 측면에서 조직장에게는 팀원들의 평가 결과를 공개했다. 평가 결과를 팀원 본인에게도 공개하지 않고 평가제도를 운영하면 무슨 문제가 있을까? A회사의 판단에 대해 어떻게 생각하는가?

평가의 투명성과 공정성이 우선이다

평가를 하는 목적은 조직과 개인의 갈등 유발이 아니다. 하지만, 평가 결과가 발표되면, 10명 중 9명이 그 결과에 대해 불만이다. 심한 경우에는 회사를 떠나기도 한다. 개인들이 평가에 불만을 갖는 이유는 무엇일까? 회사와 제도의 특성에 따라 다소 차이는 있지만, 대부분 대동소이하다.

여러 의견을 들으면, 제도에서 오는 보완점도 있지만, 궁극적인 문제점은 평가의 투명성과 공정성 확보이다.

어떻게 하면 평가의 투명성과 공정성을 확보할 것인가? 가장 효과적인 방법은 2가지이다.

하나는 방법의 개선이다. 목표와 과정 관리에 있어서 방법을 개선하는 것이다. 먼저 목표는 팀장과 팀원이 목표를 가지고 협의를 해서 결정된 목표로 하되, 최소한 분기별 조정의 기회를 주는 것이다. 조정의 사유는 불가피한 사유가 아니면 축소는 불가하고 추가되는 것에 대한 조정이다. 다음 과정 관리는 월별 점검과 피드백이다. 업적과 역량의 결과물을 가지고 월별 점검과 피드백만 잘해도 평가의 수용도는 높아질 수밖에 없다.

다른 하나는 제도의 개선이다. 상대평가를 제도에 의해 하나의 예외 없이 원칙적으로 적용하면 불만은 쌓일 수밖에 없다. 핵심 직무와 인재, 우수 조직에 대해서는 등급 가중치의 조정이나 절대평가 적용이 중요하다. 평가자에 대한 교육과 워닝 제도의 추진도 매우 효과적이다. S등급자에 대해서는 공적서, 전년 대비 2등급 차이가 있는 자와 최하등급자에 대한 사유서를 작성하게 해야 한다. 인원이 5명 미만인 팀이 많을 경우에는 팀별 직급별 상대평가가 아닌 1차 평가자는 순위, 2차 평가자는 등급을 결정하는 역할을 달리 가져가는 것도 한 방법이다. 평가 결과의 활용도 사업과 회사의 규모와 성숙도에 따라 차등의 폭을 가져가되, 구성원의 니즈를 세심히 관찰해야 한다. 이를 반영하여 평가의 시작부터 마무리까지 잡음 없이 진행되어야 한다. 아무리 인사 부서에서 완벽한 평가제도를 설계했다고 해도 불만이 줄어드는 것이 아니다. 현업의 조직장과 직원들이 직접 움직여야 한다.

평가 공개를 통해 장기적으로 조직과 구성원의 성장과 성과 창출에 기여해야 한다.

평가 공개를 하지 않고 깜깜이 평가가 되어 자신의 수준도 모르고 자신이 무엇을 잘하고 무엇을 해야 하는가 모른다면 평가의 의미가 없다. 평가를 비공개 하므로 조직장은 구성원의 불만을 무마할 목적으로 승진, 보상 이동과 육성을 자신의 의도대로 추진할 수도 있다. 조직과 개인 사이에 ~하더라 하는 유언비어나 뒷말이 무성해진다. 조직장에게만 잘 보이면 된다는 왜곡된 좁은 관계가 형성되기도 한다.

평가결과 공개의 가장 중요한 목적은 자신의 평가 결과를 알고 강점과 보완점을 찾아 성장과 보다 높은 수준의 성과창출에 있다. 조직장 입장에서는 조직과 개인의 수준을 알 수가 있다. 누가 잘하고 못하는가를 알고 인력 유형별 과제 부여와 관리가 가능해진다. 보상과 승진, 차별화된 육성, 배치 등의 활용은 기본이다. 길고 멀리 본다면 구성원의 성향과 잠재역량을 파악하여 경력개발의 기초로 활용하기도 한다. 하려면 제대로 해야 한다. 결과만의 통보가 아닌 그 결과를 낳게 한 과정의 점검과 피드백이 보다 중요하다. 최소한 월별 관찰과 결과물에 대한 피드백이 있어야 한다. 개별 면담을 통해 이루어지는 이 피드백이 조직과 구성원의 성장과 성과창출에 원동력이 된다.

3.
S(탁월)등급과
D(미흡)등급

A와 B과장

A와 B과장은 입사동기이다. 같은 대학과 학과를 졸업하고 나란히 선망하던 대기업인 현 회사에 입사했다. 2주의 입문교육을 마치고, 한 명은 영업 1팀, 다른 한 명은 영업 2팀에 배치 받았다. 사원과 대리 시절에 각 팀에서 최고의 성과를 창출하였고, 두 명 모두 같은 시기 과장이 되었다. 회사는 우수인재의 조기 발탁이라는 명목으로 과장 승격을 하면 특별한 일이 없는 한 부서를 옮긴다. A과장은 본사 영업전략팀, B과장은 인사팀으로 발령받았다. A과장은 영업 현장에서 쌓은 경험을 바탕으로 영업의 이슈를 개선하는 과제를 주도적으로 수행하고, 3개년 중기 전략 수립을 전문가들을 만나가며 추진하였다. 반면, B과장은 대학에서 한 학기 인사관리 수업을 들었지만, 기업 인사 지식과 경험이 거의 없는 상태에서 신입사원과 같은 입장이 되었다. 처음 부여된 업무는 인력운영계획 수립이었다. 지금 현재 적정인력인가를 파악하고, 금년도 인력운영계획을 수립하는 과제였다. B과장은 인사팀의 선배에게 과제의 내용과 추진 방법

을 물어보았으나, 자신의 일은 자신이 하라는 말만 들었다. 인사팀에 입사하여 줄곧 인사 운영과 기획업무를 담당한 C대리에게 요청하여 작년도 인사운영계획 관련 실시 자료를 받을 수 있었다. 자료를 보았지만, 이해가 되지 않았고, 어떻게 해야 할지 판단이 서지 않았다. 결국 팀장에게 조언을 요청했으나, 과장이 스스로 알아 해야 한다는 말만 한다. 작년 추진안을 기초로 본부별 현 인력, 감소 인력, 증가 인력을 표시하라고 업무 연락을 작성했다. 팀장에게 보고하니, 현 인력은 우리가 알 수 있고, 현업에서는 증가 인력 요구가 많을 텐데 어떻게 할 것이냐 묻는다. 질문 요지를 알지 못하니 답변을 할 수가 없었다. 인력만으로 파악하면 향후 어떻게 결과를 활용할 것인가 묻는다. 이 또한 무슨 말인지 알 수 없었다. 팀장은 2주 동안 무엇을 했는가 묻는다. 이전 자료를 검토했다고 하니까 C대리를 불러 B과장을 한 달 동안 인사 OJT를 하며, 인력운영계획과 채용 규모를 확정하라고 한다.

한 달 동안 후배에게 OJT를 받는 것이 쉽지가 않았다. C대리에게 부여된 일도 많았다. 항상 OJT는 뒷전이 될 수밖에 없었다. 자료와 참고 서적을 받았지만, 이해가 되지 않았다. 다른 선배들은 C대리가 잘하고 있다고 믿고 있는 듯하다. 점차 회사 생활이 힘들어진다. 업무를 하면서 배운다는 생각보다는 힘들고 자신에 대한 분노가 밀려온다. 영업에서처럼 즐겁다는 생각은 온데간데 없다. B과장은 팀장에게 영업 현장으로 전배를 요청했으나 거절당했다. 인사팀에 온 지 한 달도 안되어 적응하려는 노력도 안하고 익숙한 것만 하려는 자세부터 고치라고 한다. B과장은 지금 출근해 자리에 앉아있지만, 일다운 일을 하지 못한다. 채용 사이트를 보며 영업 경력직 지원서만 여러 번 작성하고 있다.

S등급과 D등급

처음부터 역량과 성과가 떨어지는 직원이 있을 수 있다. 이는 현업 조직장의 책임이기보다는 인사 부서의 채용 잘못이 크다. 사람보다는 직무 중심의 채용이 이루어져야 한다. 담당할 직무 수행에 적합한 인성(品性)과 직무 지식을 보유하고 있는 지원자를 선발해야 한다. 좋은 대학과 학과를 졸업했다고 직무 적합성과 무관하게 무조건 뽑는 것은 인사 부서가 사람 중심의 선발과 배치를 하던 평생 직장 시절에나 가능하다. 지금은 직무 중심의 채용이 되어야 한다. 직무에 맞지 않는 역량이 떨어지는 직원을 선발하여 배치하면 회사와 직원 모두가 힘들게 된다.

품성과 직무 지식이 뛰어난 직원을 선발하여 적합한 직무에 배치했다고 인사 부서가 할 일을 다했다고 볼 수 없다. 채용의 마지막 단계는 채용된 직원이 회사에 조기 전력화 된 상태이다. 적어도 3개월 동안 현업과 직무에 적응되도록 전력화 프로그램을 추진해야 한다. 현업 조직장 중심으로 수행하되, 인사 부서가 점검과 피드백을 통해 제대로 추진되도록 해야 한다. 실시하지 않는 조직장은 불이익을 받게 하고, 잘하는 조직장은 당연한 일이지만 보고하여 칭찬을 받도록 해야 한다. 3개월 동안 1:1

로 멘토링하는 직원이 있어야 한다. 경력으로 입사한 직원도 마찬가지이다. 만약 조직 내 더 높은 직급이 없다면, 리버스 멘토링(후배가 멘토가 되어 선배 멘티를 멘토링하는 방식)을 해야 한다. 조직 전체의 업무 프로세스에 대한 설명, 일의 방식, 조직 특유의 문화 등에 대한 구체적 설명을 해줘야 한다. 회사 내에서 A부서에서 근무하다가 B 부서로 옮긴 직무 순환자의 경우 신입과 경력의 중간에 있다고 보면 된다. 다 알고 있겠지 생각하고 알아서 하라고 하는 것은 우수한 직원을 바보로 만드는 지름길이다.

동일 조직에서 근무했는데, S등급을 받는 직원이 어느 날 갑자기 D등급을 받는 일은 징계받을 일을 하지 않고는 없다. D등급을 받는 직원을 보면, 직무 역량의 문제라기 보다는 회사와 조직의 관심과 관계의 문제가 크다. 인사 부서가 챙겨야 하는 인력은 S등급을 받는 핵심 우수인재만이 아니다. D등급 받은 인력에 대해 관심을 갖고 원인이 무엇이며 어떻게 조치할 것인가 고민해야 한다. 우리나라는 노동시장이 유연하지 못하다. D등급 인력을 방치하면 할수록 조직과 구성원뿐 아니라 본인에게도 큰 부담이 된다.

4.
역량평가 결과
수용하는가?

역량평가를 수용하기 어려운 사례

1) 성과가 좋으면 역량도 뛰어나다?

A차장의 작년 성과평가는 B였고 역량평가도 B였다. 올해 같은 지역에서 동일한 영업을 담당하지만, 새로운 상가가 들어서면서 매출이 급증하게 되었고 성과평가 S와 역량 평가도 S를 받았다. 반면, 작년에 성과가 가장 높았던 B과장의 역량평가는 S등급이었으나, 매출이 떨어지는 지역으로 이동하면서 매우 많은 노력을 하였지만 실적이 높지 않아 성과와 역량평가를 B를 받게 되었다. B과장은 올해 매출이 낮은 지역에 가서 매출을 올리기 위해 자신이 알고 있는 지식과 경험을 총망라하여 새로운 판촉활동을 했고, 지역 내 오피니언 리더와의 관계 정립, 지역 분석 등 많은 노력을 하였다. 실적이 낮아 성과평가를 낮게 받는 것은 인정하지만, 이전보다 더 많은 아이디어와 각종 노력을 했지만, 역량이 S에서 B등급으로 떨어진 것에 대해 평가 이의를 신청하였다.

2) 승진 전과 후의 역량 차이가 심하다?

A과장은 금년 승진 대상자였다. 작년 성과와 역량평가 모두 S 등급을 받았고, 팀에서는 A과장을 차장으로 승진시키기 위해 많은 과제를 부여했고, 이를 잘 수행하여 올해 9월 차장으로 승진하였다. 올해 12월 과장 이상 부장을 대상으로 하는 평가군에서 A차장의 성과와 역량평가는 전부 B등급이었다. 1월부터 8월까지 열심히 일해 차장으로 승진했는데 B등급이다. 성과는 그렇다 치더라도 역량이 2등급 차이가 난다는 것은 설명하기 어렵다.

3) 목표도 중간 점검도 면담도 없었어요

입사 5년차인 A대리의 역량평가는 C등급이다. 10명의 팀원 중에 하위 10%에 속하는 등급으로 A대리가 팀의 막내이다. 회사의 역량평가의 결과에 따라 보상에는 영향이 없으나, 승진에는 결정적 영향을 준다. 본부장으로 새로 부임한 김 전무는 본부 내 대리 5명과의 간담회에서 충격적인 이야기를 들었다. 5명 전부 역량 목표를 설정한 적이 없고, 단 한번도 팀장과 자신과 관련한 장점과 단점, 업무 스타일 등 면담을 한 적이 없었다고 한다. 역량평가는 어떤 기준에서 어떻게 평가되는지 모른다고 한다. 자신들이 일에 임하는 마음가짐, 일하는 방법 등에 대해 잘하고 있는지에 대해 들어본 적이 없다고 한다.

4) 잠재된 역량이 뛰어나면 역량평가 등급은 높아야 한다?

A사원은 S대학 기계공학과를 졸업하고 5개 국어를 할 수 있

으며 직무 관련 자격증만 4개를 보유하고 있다. 당초 공장 기계 팀의 엔지니어로 근무하게 되어 있었으나, 생산기획실 공정담 당자로 배치되었다. 현장 자료를 분석하고, 수시로 떨어지는 여 러 수명 업무에 대한 보고서를 작성하는 것이 주 업무이다. 생 산기획실은 현장을 모르면 근무하기 어려운데, 실장은 A사원이 내성적이지만 보유 역량이 뛰어나기 때문에 조기에 생산기획실 에서 큰 역할을 수행할 것으로 예상하였다. 하지만 제품의 흐름 과 현장 분위기를 모르고, 내성적 성격으로 소극적으로 언행을 해 현장 근무자와의 소통 장애로 일의 본질을 꿰뚫지 못하고 있 다. 2년이 지난 지금도 A사원은 전체를 보며 현장을 이끌 수 있 는 제대로 된 보고서를 작성하지 못하고 있지만, A사원의 역량 평가는 항상 S등급이다.

역량평가의 수용도를 올리기 위해서는 어떻게 해야 할까?

역량평가를 통해 구성원들이 자신의 역량 수준을 명확히 알고 강화할 수 있는 기초자료가 되어야 한다. 구성원들의 역량 수준 과 전반적인 질적 수준을 알고 인력 정책의 방향을 결정해야 한 다. 개인별로 능력의 차이는 있기 마련이며 어떤 부분이 우수하 다 또는 부진하다는 것을 정확히 평가하여 담당 직무를 원활하게 수행하기 위한 능력개발, 교육훈련 등의 니즈를 찾아내고 처방함 으로써 계획적이고 효율적인 인재육성이 가능하게 한다.

이를 위해 다음 6가지를 강조하고 싶다.

첫째, 역량의 항목을 구체화해야 한다.

통상 역량은 리더십 역량, 직무 역량, 공통 가치 역량으로 나눈다. 리더십 역량, 직무 역량, 공통 가치 역량의 항목을 무엇으로 정하는가에 따라 역량평가는 매우 달라질 수 있다. 회사의 사업과 구성원의 역량 수준과 연계하여 항목을 정해야 한다. 항목의 수는 3~5개가 적합하며 공통 가치 역량은 핵심 가치로 가져가는 회사가 많다.

둘째, 리더십과 가치 역량은 행동 지표를 중심으로 계량화해야 한다.

많은 회사의 조직장들이 예를 들어 리더십 역량 중 의사 결정력 또는 공통 가치 역량 중 신뢰의 항목을 놓고 단순 5점 척도에 체크하는 수준이라면, 피평가자는 자신의 역량 수준을 구체적으로 알 수가 없다. 리더십과 공통 가치 역량도 항목별 행동지표로 계량화해야 한다. 각 항목에 대해 수준별로 4~5단계의 행동지표로 구분하고, 피평가자의 행동을 보며 평가를 해야 한다.

셋째, 직무역량은 본인의 직무등급 향상을 위한 노력에 집중해야 한다.

직무역량은 직무별로 3~4단계로 나눠 그 경험, 지식, 갖춰야 할 자격, 최소 체류 기간 등을 정해 구성원들이 자신이 어느 단계에 있는가를 알고, 상위 단계가 되기 위해 무엇을 구체적으로 해야 하는가를 정하도록 목표와 추진계획을 설정해야 한다.

넷째, 매년 역량육성목표를 설정하게 해야 한다.

성과평가의 경우, 매년 개인 목표를 설정하고 주간 업무계획 및 실적을 통해 추진 과정을 살핀다. 역량평가의 경우에는 개인별 역량 육성 목표를 정하는 회사가 적다. 역량 목표가 없다 보니 성과가 좋으면 역량도 좋게 평가받는 경향이 발생한다. 목표가 없으니 면담과 중간 관리는 불가능하다.

다섯째, 역량 실적 및 계획에 대해 월 1회의 면담을 정례화해야 한다.

성과평가에 대해 중간 면담을 실시하듯 역량평가를 위해 월 또는 분기별 면담을 해야 한다. 본인의 목표와 추진 내용 등을 설명하고 지도함으로써 역량 향상이 일어나도록 해야 한다.

여섯째, 역량 평가도 기록에 의해 점수화 해야 한다.

업무 수행, 회의 및 토론, 면담과 평소 행동 등을 관찰하면서 기록 관리를 해서 역량 평가가 이루어져야 한다. 직무 역량의 경우, 자격증을 취득하게 하거나, 심사표를 만들어 시험, 과제 발표, 면접 등을 통해 현 수준 대비 얼마나 향상되었나 살펴야 한다. 직책자 또는 핵심 직무 전문가는 내외부 전문가에 의한 개별 면접을 통해 정확히 측정해야 한다.

구성원의 역량이 강하면 조직과 회사의 경쟁력은 강해질 수 밖에 없다.

이러한 역량 강화는 타 기업이 모방할 수 없는 강력한 힘이며, 구성원들을 하나의 방향으로 가도록 이끄는 동기부여 방법 중 가장 으뜸이라 하겠다. 역량 평가의 수용도를 높이기 위해서 목표-과정-평가-평가 후 관리가 체계적이고 지속적으로 이루어지도록 제도를 만들고 인사 부서가 철저히 점검하고 이끌어 가야 한다.

5.
그해 평가는
그해 끝내야 한다

새해 1월, 전년도 평가를 실시하는 문제점

대부분 기업의 전사, 조직 평가는 12월 안에 마무리된다. 전년도 실적을 중심으로 조직 개편과 임원 인사를 실시하지 않는다. 12월 마친 후 1월이나 2월에 실적을 정리해 평가를 하는 것이 아닌 12월 성과는 예상으로 한다. 12월 조직 개편과 임원 인사를 끝내고 목표를 수립하여 새해는 새 조직과 임원으로 시작하자는 의미가 크다.

문제는 개인 평가이다. 아직도 개인 평가는 12월까지 실적을 중심으로 1월에 실시하는 기업이 많다. 여러 이유가 있겠지만, 개인의 평가는 평가 주기(1월~12월)의 실적을 모두 마친 시점에서 실시하여 공정성과 객관성을 가져가겠다는 의미가 클 것이다. 1월에 작년도 목표 대비 실적을 정리하여 평가 절차에 따라 평가를 실시한다. 많은 직원들과 평가자들은 목표가 무엇이었는가를 이때 알게 되기도 한다. 팀원들은 월별 다이어리 또는 주간 업무 실적과 계획 작성 양식을 통해 목표에 실적을 맞추는 일도 진행하기도 한다. 목표에 없지만, 한 일에 대해서는 기타 수명 사항란을 만들어 자신이 한 일을 적고 개인 평가를 마친다. 조직장은 팀원들이 작성한 양식과 평가를 참고하여 자신이 관리한 자료 또는 생각해 온 바를 반영한다. 팀원이나 팀장의 평가가 구체적이지 못한 이유는 평가 시점에 평가를 위한 목표와 실적이기 때문이다. 최소한 월별로 점검하고 피드백 하고 평가를 했어야 한다. 실행 과제인 목표에 대해 월별 결과물 중심의 실행 계획에 따라 달성 여부를 평가했어야 한다. 만약 목표가 잘못되었거나, 환경 등의 영향으로 수정이 불가피하면 평가 위원회를 통해 이를 조정해야 한다. 이런 활동들을 전혀 하지 않고 평가를 실시하니 여러 오류가 발생할 수밖에 없다.

조직 평가와 같이 전년도 평가는 전년도에 마무리하고, 새해에는 새로운 목표에 따라 추진하는 것이 옳지 않은가? 1월에 평가를 실시하면 평가 프로세스도 느슨해질 수 있고, 무엇보다 12월 임원이나 팀장 인사로 변경되었을 경우, 1년 동안 피 평가자의 업적과 역량을 모르는 상태에서 평가를 하게 되며, 평가가 끝난 후 보상이나 승진 등으로 이어지는 활동이 지연될 수밖에 없다. 또한, 평가 이후의 목표 설정을 실시하여 자칫하면 1월은 목표가 없이 일하게 된다.

어떻게 그해 평가를 그해 마치도록 할 것인가?
매년 2~3월에 평가가 끝나고 목표 설정을 하는 회사가 있다.

왜 이렇게 늦게 평가가 끝나고 목표가 설정되는가 물으니, 사원 승진 인사가 2월 말에 있기 때문이라고 한다. 평가는 사원 승진 전에 마무리해야 하고, 목표 설정은 사원 승진과 이동이 마무리된 시점에 이루어진다.

지금까지 그렇게 해왔고, 회사 내에서 이렇게 하는 것에 대한 문제의식이 없다. 강의를 하면서 대표이사에게 12월 평가와 목표 설정을 다 끝내는 것이 보다 더 효과적이라고 제언했다. 대표이사는 우리 회사의 문화와 일하는 스타일로는 불가능한 일이라고 한다. 불가능하기 보다는 '할 수 없다', '하면 문제가 많다'는 의식이 문제이다.

10월, 이 회사의 대표로부터 연락이 왔다. 올해 평가와 목표 설정을 마무리할 수 있도록 지원해 달라고 한다. 인사팀과 공동으로 11월 평가 개선안을 작성하여 전 조직장 대상으로 설명회를 실시하였다. 중간에 어렵다는 불만도 있었지만, 그해 평가를 그해 마무리하는 것에 대해 공감을 갖게 하였다. 이후 12월 초까지 2가지 평가를 위한 준비작업을 하게 하였다.

첫째, 1~11월은 매월 목표 대비 업적과 역량, 잘한 점을 적게 했다. 팀원은 팀장에게, 팀장은 본부장에게 연간 목표 대비 업적, 역량, 잘한 점을 작성하여 최소한의 기록을 제출하도록 했다.

12월은 목표 대비 예상 업적과 역량, 한 해를 보내며 아쉬운 점, 건의 사항을 적게 했다.

둘째, 작성이 모두 끝난 후 전 팀원이 모여 1년 목표 대비 업적, 역량, 잘한 점, 애로사항, 기타 업적을 발표하게 했다. 발표를 마치고 팀원과 개별 면담을 통해 평가를 마무리하라고 했다.

12월 마지막 실적이 확정된 상황이 아니었지만, 평가를 하는데 어려움이 없었다. 마감이 12월 말이기 때문에 자료 작성, 발표와 면담이 매우 신속하게 이루어졌다. 팀원들도 월별 목표 대비 업적과 역량, 목표 이외의 업적에 대해 정리하여 팀장과 대화를 하니 좀 더 구체적이며 공정하게 되었다. 팀원들이 평가 개선에 가장 만족도가 높은 항목은 발표였다. 타 팀원들이 한 해 동안 어떤 목표와 업적, 역량을 창출했는가를 알 수 있었고, 공동 업무의 경우 성과가 조금은 명확하게 드러나게 되었다.

평가를 마치고 평가 제도의 실행을 보다 공정하고 객관화하기 위해 이 회사는 매월 팀원 전원이 발표를 마치고, 팀장과 개별 면담을 하는 것을 의무화했다. 월별 발표와 면담을 통해 업적과 역량에 대한 실적뿐 아니라 다음 달 중점 사항에 대해 피드백 하도록 했다. 월별 발표와 면담이 끝나고 나면, 팀장은 팀원들의 실적을 정리하고 월별 평가를 실시하도록 했다. 팀의 목표 대비 업적과 역량에 대해서도 본부장 주관으로 월별로 실시하도록 했다. 회사는 매월 말 실적과 업적을 정리해 팀과 팀원을 평가했고, 이러한 과정과 기록이 누적되어 분기별, 상 하반기 평가를 마칠 수 있게 되었다.

월별 업적과 역량에 대한 점검과 피드백이 없는 연말 업적과 역량 평가는 형식적이 될 가능성이 높다. 최소한 월별로 팀과 팀원 대상의 점검과 피드백 발표와 면담이 이루어지고, 이를 기반으로 월별, 연 평가가 이루어져야 한다.

6.
성과 측정 시 범하기 쉬운 5가지 오류

첫째 오류 : 자기 수준에서 평가

관리자와 경영자 입장에서 보면, 직원들의 실적이 하나 같이 미흡하다. '내가 담당자일 때는 이렇게 하지 않았는데' 하는 아쉬움이 많다. 일에 임하는 태도와 마음가짐을 보면 화가 나는 경우도 많다. 좀 더 열심히 해야 하는데 내 마음 같지가 않다. 부족함만 보일 수밖에 없다.

다른 차원이지만 내 회사 수준에서 평가를 하는 것이다. 지금과 같은 2%대 저성장 시대에서 작년에 비해 7% 성장했다면 대단한 성과라고 칭찬할 수 있다. 하지만, 경쟁 회사가 15% 성장을 했다면 상황이 달라진다. 회사의 성과를 정확하게 측정하기 위해서는 외부 경쟁자들의 성과를 정확하게 파악하여 비교 분석해야 한다. 만약 비교 자료를 얻기 어려우면 자신이 속한 산업의 전문가의 조언을 들어보는 것도 한 방법이다.

둘째 오류 : 자신과의 친분 또는 감정

자신과의 지난 경험에서 지나치게 좋은 감정이나 악 감정이 있다면 이것이 평가에 영향을 미치는 경우이다. '저 친구는 원래 그래', '김 과장은 언제 어디서나 항상 성실한 친구이고 좋은 품성을 갖고 있어', 과거에 지나치게 집중하는 이 생각은 그 사람의 태도 변화에 둔감할 수 있다. 평가 기간의 성과와 행동, 미래 발전가능성에 초점을 두고 평가를 해야 한다.

관리자를 선임하거나 평가할 때도 이들의 과거실적이나 평판이 아닌 현재의 자질, 의사결정 능력, 직원과의 관계, 상황에 대한 수용과 분석능력 등을 종합적으로 평가해야 한다. 종종 과거의 큰 성공 경험이나 재무적 성과에 현혹되어 선임 또는 평가할 경우 낭패를 볼 수 있다.

셋째 오류 : 내가 다 알고 있다

관리자인 팀장의 경우, 대부분 같은 사무실에서 팀원들과 하루 종일 함께 지낸다. 수시로 업무를 체크하고, 하는 언행을 다 지켜보고 있기 때문에 팀원들에 대해 다 알고 있다는 착각에 빠진다. 팀원의 회사와 개인의 꿈에 대해 아는가? 팀원의 회사와 개인의 애로사항이 무엇인지 아는가? 팀원의 성격을 잘 설명할 수 있다고 하는데 이를 듣는 팀원이 어떻게 생각할 것인가? 팀원이 일에 있어 좋아하는 것과 싫어하는 것을 설명할 수 있는가?

많은 관리자들이 오랜 기간 함께 지켜보고 지도하고 있다는 생각에 성과와 역량에 대한 목표와 과정을 기록하지 않는다. 다 안다는 것은 개인의 주관일 뿐 객관적으로 목표가 무엇이었고,

어느 수준으로 얼마큼 달성했는가를 명확하게 기록하여 제시하고 설명할 수 있어야 한다.

넷째 오류 : 줄 세우기

상대평가를 하는 기업은 팀원들에 대해 순위를 결정할 수밖에 없다.

1차 평가자가 좋게 평가한 직원을 2차 평가자가 등급을 조정하는 것은 쉽지 않다. 1차 평가자는 팀원을 평가에 따라 평가하지만, 모수가 적을 때에는 팀원 전체에 대해 평가를 할 수밖에 없다. 이 경우, 상대평가를 하기 위해 잘한 팀원과 그보다 떨어지는 팀원의 순위를 정한다. 그리고 상대등급별 가중치를 기준으로 순위에 따른 등급을 부여해야 하는데, 순위 정하는 기준에 팀원의 특수 상황이 반영된다. 예를 들어 내년 2월 승진대상이라면, 올 12월 평가를 함에 고민스럽다. 성과가 타 팀에 비해 월등하게 높은 팀원이 3명 있는데 최고 등급은 1명밖에 부여할 수 없을 때 순위를 결정하는 것은 곤욕스럽다. 10명의 팀원이 모두 목표 이상을 달성했는데, 1명을 가장 낮은 등급을 부여해야 하는 것도 관리자의 몫이라고 한다. 줄 세우는 것이 중요한지 역량을 높여 성과를 내게 하는 것이 중요한지 모르는 경우이다.

다섯째 오류 : 익숙함

성과 평가는 경영환경처럼 빠른 속도로 변화하지 않기 때문에, 외부 경영상황을 반영하여 성과목표와 과정 관리 단계별로 평가하고자 하는 것이 무엇인지, 이를 측정하기 위한 지표는 무엇인지, 변화에 따른 목표의 조정 등을 신속하게 반영하지 못한다. 대부분 중소기업들은 초기 수립한 목표와 측정지표를 수정하지 않기 때문에 연말 평가할 때는 '목표 따로 실적 따로'가 된다. 문제는 이런 평가 시스템과 방법에 익숙해져 다 그렇다고 생각하는 경향이다. 평가는 목표를 설정하고 매월 매주 목표가 얼마큼 실행되고 있는가를 점검하고 달성 정도에 따라 조정을 해 줘야 하는데 연말 평가 기간에만 면담하고 마무리한다.

사실 이러한 오류들은 평가자에 대한 교육과 점검이 없기 때문에 발생한다. 평가자 중에는 1년에 두 번 평가 시스템에 들어간다는 말이 나온다. 목표 수립할 때 한 번, 연말 평가할 때 한 번이다. 직원들과의 면담은 한 번도 하지 않았음에도 나는 매 순간 면담했다고 한다. 이들에게는 직원이 가져온 보고서나 일을 보며 지도한 것이 면담이다. 평가자가 조직과 구성원의 역량을 강화하여 보다 높은 수준의 성과를 창출하기 위해서는 목표 수립과 과정 관리, 공정한 평가를 할 수 있는 역량을 키워줘야한다. 평가자가 제대로 평가를 하지 못하는데, 성과주의 인사와 공정한 평가 문화를 가져간다는 것은 대단한 큰 오산이며 잘못이다.

7.
다면 평가, 어떻게 생각하는가?

평가의 트렌드가 바뀌고 있다

전통적 평가는 상사 중심의 결과를 중시하는 평가 제도였다. 상사 입장에서 부하를 평가한다는 생각이 강했고, 모든 평가 과정과 결과는 비밀 주의였다. 평가 결과가 보상과 승진에 결정적 영향을 주기 때문에 상대평가가 대부분이었으며 업적 위주의 평가였다. 평가 등급과 가중치는 회사에 따라 차이가 있었지만 보통 5단계였다.

현재 많은 글로벌 기업들은 평가의 목적을 성과창출에 중점을 두지만, 조직과 구성원의 육성도 매우 중요시하며 상대에서 절대평가로 방향이 바뀌고 있다. 목표 설정부터 업적과 역량을 정하고, 최소 월별 점검과 피드백을 강화하고 있다. 상사에 의한 하향 평가를 보완하기 위해 다면평가(상사, 동료, 부하, 고객 등)를 도입하여 공정성을 추구한다. 평가는 목표설정, 과정 관리, 평가 결과까지 모두 전산화하여 공개하고 기록 관리를 가져가고 있다.

A회사는 CEO의 지시로 전 임직원 의식 조사에서, 구성원의 평가제도에 대한 만족도는 긍정응답률로 했을 때, 10%를 넘지 못했다. 50개 항목 중 가장 낮은 만족도를 보이고 있었다. 평가제도의 불만 요인 1순위는 공정하고 투명하지 않다고 인식하고 있었다. 구성원들의 평가제도에 대한 불만은 크게 6가지였다. ① 성과 구분이 명확하지 않다. ② 제로섬 게임으로 한쪽이 잘하면 다른 한쪽의 이익을 가져간다는 생각으로 서로 줄다리기 하는 기분이다. ③ 평가제도가 회사 성과에 기여하지 못하고 갈등만 초래한다. ④ 납득하기 어려운 평가 결과로 상사에 대한 신뢰가 생기지 않는다 ⑤ 기대 이하의 낮은 평가를 받으면, 업무에 대한 몰입도와 사기가 떨어진다. ⑥ 1년 동안 단 한번도 적절한 피드백과 면담을 한 적이 없는데 평가 결과를 받으면 황당하다.

　사실 평가를 하는 조직장들의 애로사항도 크다. 팀원 모두가 열심히 했는데, 누구는 높은 등급을 부여하고 누구는 낮은 등급을 부여해야만 하는 상황이 힘들기만 하다.

　회사는 조직장에 의한 일방적인 하향 평가는 문제가 많다고 인식하고, 다면 평가를 도입하여 전방위 평가와 과정의 공유를 통한 업무 활성화를 기대했다.

　결과적으로 A회사의 다면평가 도입을 통한 공정성 확보는 2년이 되지 않아 조직과 구성원에게 상처를 남기고 실패로 끝났다. 다면 평가 제도를 폐지하고, 종전과 같은 업적과 역량 평가에 대해 상사에 의한 하향식 상대평가로 회귀하였다. 다만, 상대평가의 단점을 보완하기 위해 조직 평가를 개인 평가에 연계하는 방안으로 했다. 왜 A회사는 다면 평가를 폐지했을까?

평가가 본연의 목적을 달성하지 못하고 조직과 구성원의 불만 요인이 되는 원인은 다양하다. 평가제도 설계 미숙, 평가 기준의 모호함, 평가자의 스킬과 성향 차이, 주관 부서와 조직장의 실천 의지 부족, 온정적 조직문화, 점검과 피드백 미흡 등 복합적 원인이 신뢰를 주지 못했다.

평가자 오류만 해도 다양하다. 많은 평가 관련 서적을 보면, 후광효과, 관대화 경향, 중심화 경향, 가혹화 경향, 최신 효과, 전형화 오류, 대비 오류, 연공 중시, 논리적 착오 등 여러 원인이 있다. 모든 평가자는 자신은 공정하다고 생각한다. 평가가 한 사람의 직장 생활을 좌우할 수 있기 때문에 신중을 기한다고 말한다. 평가자 교육에 참석한 조직장인 평가자에게 4가지 질문을 했을 때 그렇게 하고 있다는 사람은 단 한 명도 없었다. 첫째, 회사, 상사, 본인, 구성원의 업적과 역량 목표를 알고 있는가? 둘째, 구성원의 월별 업적과 역량, 잘한 점 및 애로사항에 대해 기록을 가지고 있는가? 셋째, 최소 월별 구성원과 1:1로 업적과 역량에 대한 30분 정도 면담을 하고 있는가? 넷째, 팀원들은 다른 팀원들이 무엇을 하고 있고 했는가를 알고 있고, 팀 목표를 알고 있는가? 평가자들은 주간 업무 실적과 계획을 받고 조정해 주면 실적 관리와 과정 관리를 하고 있다고 생각한다. 주간 업무 실적과 계획은 목표와 무관할 수도 있고, 역량에 대해서는 알 수가 없다.

다면 평가를 도입한 기업이 실패한 이유는
크게 3가지로 살펴볼 수 있다

첫째, 팀원이나 동료들이 팀장의 역할과 하는 일을 모르며, 명확하게 파악하지 못하고 있다. 평가는 일정 기간 동안 해야 할 일을 명확하게 알고 하고, 하도록 이끌고, 했는가를 점검하여 그 결과를 측정해 주는 과정이다. 팀원이나 동료가 팀장이 무엇을 하고 있고 했는가를 알지 못한다.

둘째, 인기 영합의 경향 심화이다. 조직장의 평가는 전문성, 품성, 리더십이 중요하지만, 결국은 조직 성과이다. 팀워크와 조직 성과로 조직장은 평가받아야 한다. 조직장이라면 상급자의 철학과 원칙을 알고 이와 연계하여 성과를 창출해야 한다. 다면평가의 상향 평가자(하위 직원)는 상사의 이런 어려움을 이해하지 못하고, 자신에게 잘해주는 것만 생각한다. 성과를 독려하는 조직장, 자신에게 잘해주는 조직장, 누가 좋은 평가를 받겠는가?

셋째, 조직장이 하위 직원들의 눈치를 보는 상황이 연출된다. 사실 직책이 높아질수록 생존의 위기를 느끼며 보신을 하게 되는 경향이 있다. 직원에게 강하게 업무를 부과하고, 잘못이 있었을 때 질책할 수 있어야 한다. 하지만, 다면 평가 결과가 나쁘면 보직해임 또는 퇴직이 될 수 있기 때문에 전전긍긍하게 된다. 조직 기강이 바로 설 수 있겠는가? 물론 '직장 내 괴롭힘 금지법'에 적용될 만큼, 상사가 무리한 지시와 언행으로 힘들게 하거나 피해를 주면 곤란하다.

다면 평가가 아닌 평가 공정성 어떻게 확보할 것인가?

평가의 공정성을 올리는 방법은 매우 많다. 많은 인사 부서 임직원, 현업의 조직장이 공정성 제고 방법을 알고 있다. 중요한 것은 실천이다. 제대로 실천을 해야 하는데 바쁜 업무를 이유로 우선순위에서 밀리거나 생각을 하지 않는다. 개선되지 않고 제자리를 맴도는 가장 큰 이유이다.

평가의 공정성을 올리는 1순위는 평가제도의 개선이다. 매월 면담의 정례화, 평가 등급의 공개, 평가 이의 제도 실행, S등급의 공적서 제출, 2등급 차이 시 사유서 제출, 평가자 워닝, 평가 위원회 개최 등이다.

2순위는 조직장의 평가 역량의 강화이다. 평가의 중요성과 마음가짐, 평가제도 이해 및 방법 숙지, 상황별 면담 요령, 결과에 대한 책임 등에 대한 교육, 자료 제공, 평가 결과에 대한 점검과 피드백 등으로 조직장이 평가에 대한 부정적 생각을 버리고 활용의 가치를 올리도록 해야 한다. 구성원에 대한 발표 점검 피드백 면담을 통해 구성원에 대한 관심과 지도가 실질적으로 실행되어야 한다.

3순위는 평가 프로세스에 대한 명확한 기준 설정 및 실행이다. 목표 설정과 조정, 발표와 면담을 통한 과정 관리, 기록에 의한 평가가 1년 주기로 매월 구체적으로 실시되도록 원칙과 기준을 정하고 실천되어야 한다. 추진하면서 발생되는 문제점은 그때그때 해결하면 된다. 가장 큰 문제점은 제도만 있고 실천이 안 되는 것이다. 제도가 있다면 그 제도가 제대로 실행되도록 홍보하고 실제 운영되어야 한다. 제도를 만들고 실행하지 않는다면 무슨 의미가 있겠는가?

8.
좋은 평가 등급을 받는 10가지 방법

평가를 통해 얻고자 하는 바가 무엇인가?

평가시즌이다. 많은 기업들이 평가자 교육을 실시한다. 12월 평가를 앞두고 공정한 평가를 하기 위해 무엇을 해야 하는가 강조한다. 평가를 하는 조직장이나, 평가를 받는 직원 모두가 평가를 하는 진정한 목적보다는 자신의 역할 한계와 애로사항을 강조한다.

평가를 통해 얻고자 하는 바는 크게 2가지이다.

하나는 조직과 직원의 역량을 강화하는 것이다. 평가를 통해 조직의 수준을 파악하여 이전보다 얼마큼 성장했는가? 많은 개선 활동이 이루어지고 있는가? 조직과 구성원이 한 방향 정렬을 하며 팀워크가 강화되고 있는가? 내부 구성원이 자신이 습득한 지식과 정보 나아가 경험을 공유하며 학습하는가? 직원을 고민하게 하고 자신의 역량 수준을 명확하게 인지하고 한 단계 올리기 위해 노력하게 하는가? 일을 통해 제안과 개선활동을 전개하는가? 책과 전문가를 통해 일의 개선방법이나 새로운 방식을 찾아 활용하는가? 자신의 역량 목표를 세워 월별, 주별 실적관리를 하는가?

다른 하나는 고부가가치 창출을 통한 회사의 지속 성과 창출이다. 도전적인 목표의 설정과 관리를 통해 성과를 창출한다. 주 단위 발표와 피드백을 통해 목표를 달성하게 한다. 급격한 환경의 변화에 목표를 조정하고 해결안을 마련하여 변화에 강한 기업으로 거듭나게 한다.

팀원이 좋은 등급을 받는 10가지 방법

낮은 평가등급을 받고 기분 나빠 하거나 사기가 저하된 팀원에게는 원인이 있다. 많은 기업을 보면, 한 번 낮은 등급을 받은 직원이 지속적으로 낮은 등급을 받게 된다. 이들에게 많은 지도를 해도 웬만해서는 바뀌지 않는다. 이들 중에는 아침에 누구보다 빨리 출근하고 밤 늦도록 남아 일을 하지만 성과가 낮은 직원도 있다. 일하는 방식을 몰라 낮은 성과를 올리는 직원도 있고, 관계가 나쁜 직원도 있다.

반대로 항상 좋은 등급을 받는 직원이 있다. 이들은 일에 대한 자부심이 강하다. 기본적으로 긍정적 성격이며 일에 대해서는 끝까지 결과를 내며 철저하다. 상사와 스스럼 없이 대화하며 조언을 받는다. 이들이 좋은 등급을 받는 특징은 다음과 같다.

1) 스스로 높은 목표를 설정하고 팀장과 협의해 목표를 결정한다. 이들은 시켜서 일을 하지 않고 스스로 도전하며 상사를 설득해 주도적으로 이끌어

간다.

2) 확정된 목표(실행 과제)에 대해 월별 주별 실행계획을 수립해 팀장에게 지도를 받는다.

3) 확정된 실행 과제와 실행계획을 팀원에게 발표하고 공유한다.

4) 월별 목표를 점검하며 여유가 있으면 도전과제를 만들어 더 높은 성과를 지향한다.

5) 일일 해야 할 6가지를 정해 팀장과 팀원에게 공유하며, 매주 팀장과 업적과 역량에 대한 면담을 신청해 지속적으로 가져간다.

6) 정도 경영에 벗어난 일을 하지 않으며, 항상 겸손하다.

7) 배우려는 자세가 강하며, 항상 결과물을 정리해 매뉴얼, 책, 강의안 등으로 활용한다.

8) 월별 발표를 실시하며, 팀장과 팀원에게 결과물과 잘한 점을 정리해 항상 공유한다.

9) 항상 다음 해 자신의 업적과 역량 목표를 설정해 팀장과 협의한다.

10) 일과 관련된 자격증과 학력을 높이는 노력을 통해 매년 이력서를 향상시킨다.

직장생활을 통해 자부심을 느끼고 정체되지 않고 성장하고 싶은가? 지시 받아 하는 수준으로는 결코 이렇게 될 수 없다. 자신의 일과 성장에 의미를 부여하고 주도적으로 자신을 이끌고 주변 사람에게 영향을 줘서 그들이 적극적으로 지원하게 해야 한다.

Chapter 4

성과 관리
상황별 조치

면담 상황1.
내년 승진을
반드시 해야 할 직원 면담

무엇을 잘못했는가?

회사는 과장에서 차장이 되어야만 관리자가 될 수 있다. 3급 과장이 2급 차장이 되지 못하면 팀원인 과장으로 퇴직해야 하며, 팀장이 될 수가 없다. 3급에서 2급이 되기 위해서는 3개년 업적이 B등급 초과가 되어야 한다. 본부장의 추천을 받아 예비 관리자 교육에서 80점 이상을 받은 후, 경영자 5명 앞에서 면접을 하여 통과해야 자격이 부여된다.

A과장은 과장 10년차로, 내년 차장이 되지 못하면 더 이상의 승진 기회가 주어지지 않아 과장으로 근무해야 한다. A과장도 올해 무슨 일이 있어도 좋은 평가를 받고 주변의 인정을 받아 내년 승진하겠다는 생각을 갖고 있다. 하지만, 상반기 평가가 끝난 7월, A과장의 업적은 중간보다 조금 좋은 수준이고, 역량 측면에서 개선된 것은 없다. 성실하고 열심히 하는 모습은 보이지만, 성과로 이어지지는 않는다. 주변 많은 직원들이 안타까운 시선으로 A과장을 바라본다. A과장과 동기인 B팀장은 지나가

는 말로 연말 평가에 배려를 해달라는 요청을 한다.

A과장의 팀장으로 나는 무엇을 잘못했는가?

승진 예정자에 대한 조치

깨물어 아프지 않은 손가락은 없다. 함께 근무하는 팀원 중 역량과 업적이 뛰어난 팀원이 있고, 성실하고 인간성이 좋아 팀워크에 크게 기여하는 팀원도 있다. 묵묵히 말없이 자신의 일을 이끌어가는 팀원도 있지만, 조그만 성과도 크게 떠벌리고 다니는 팀원도 있다.

조직장이라면 팀원 개개인에 대해 관심을 갖고 진정성 있게 이들을 성장시키며 성과를 창출하도록 배려를 해야 한다. 내 마음을 알아주겠지 하는 소극적 언행보다는 적극 표현해야 한다. 내년 결정적인 승진을 앞둔 팀원에게 어떻게 하면 심사 대상자가 되고 좋은 평가를 받아 내년도 승진 대상자가 되고 승진할 수 있을까? 다소 늦은 감이 있지만, 조직장으로 수많은 노력을 해야 한다.

고참이며 결정적인 승진을 앞둔 팀원이 상반기 업적 수준이 중간 정도라면, 승진 가능성은 없다고 봐야 한다. 내 승진이 아니기 때문에 조직장인 나는 잘못한 것과 책임도 없다고 말할 수 있을까? 잘못을 했다면 무슨 잘못을 했고 어떻게 해야 할 것인가?

상반기 평가가 보통 수준으로 나오고 역량 향상이 안 된 점,

주변에서 A과장을 안타까운 시선으로 바라보는 모든 점이 잘못이다. 7월이 되었을 때 3가지가 되어 있어야 한다. 업적은 S등급을 받을 수 있을 만큼 도전 업무를 수행해 성과가 있어야 한다. 하반기 과제도 중요하고 난이도가 높아 성과에 대한 기대감이 높아야 한다. 본인의 역량은 당연하고 팀 후배의 역량 강화를 이끌며 업무 매뉴얼, 의미 있는 자료, 나아가 강의안을 만들어 공유하고 가르쳐야 한다. 가장 중요한 것은 7월, 팀원들은 팀장에게 "내년 A과장이 차장 되어야 하는 것 알고 있지요?" 말한다. 주변에서는 "이번에 A과장은 S등급 평가를 받아야 한다.", "A과장이 많이 변했다"는 말이 회자되어야 한다. 어떻게 이렇게 할 것인가?

중요한 승진을 앞둔 팀원이 있으면, 연초 평가 면담부터 타 팀원과 차이가 있어야 한다.

내년도 승진을 위해 무엇을 준비하고 있는가 묻고, 현재의 마음 상태를 살펴야 한다. 승진에 대한 의욕이 없고, 안 되어도 괜찮다고 말한다면 큰 질책을 하고 정신 상태를 바꿔줘야 한다. 승진은 되지 않더라도 일에 임하는 마음가짐과 자세는 타인은 물론 본인에게 부끄러움이 없어야 한다. 만약 승진에 대한 열정이 강하고, 아무리 힘들어도 하겠다고 한다면, 3가지를 명확하게 제시하고 하도록 하고 지원해 줘야 한다.

첫째, 높은 성과를 창출하게 해야 한다. 도전적 실행 과제를 수행하여 탁월한 성과를 창출하여 타인과 확실한 비교가 되도록 목표 부여, 점검, 피드백을 해야 한다.

둘째, 역량 강화이다. 팀원들의 역량은 물론 본인의 역량을 한 단계 이끌어야 한다.

셋째, 주변의 인정과 칭찬이다. 중요한 승진에 있어 업적과 역량이 떨어지는 직원이 대상자가 될 가능성이 없다. 모두가 업적과 역량이 뛰어나다. 업적과 역량 못지 않게 중요한 것은 평판이다. A과장에게 회사 행사에 가장 앞장서 일하고, 항상 긍정적이고 밝은 모습으로 일하라고 해야 한다. 무엇보다 올 한 해는 전화, 문자, 메일로 일하기보다, 직접 찾아가 요청하고 설명하라고 해야 한다. 팀원들은 한 달에 한 번 면담을 하지만, A과장은 매주 면담을 하자고 해서, 업적, 역량, 평판을 점검하고 피드백 해 줘야 한다.

팀장이 중요한 승진이라고, 업적과 역량이 부족한 고참에게 좋은 평가등급을 부여하면 무슨 문제가 발생할까? 평가 등급은 성과와 역량에 따라 결정되어야지, 상사와의 관계에 의해 결정되면 조직은 무너지게 되어있다. 성과와 역량이 높은 직원은 떠나게 된다. 주변에 아부만 늘고 시기와 갈등이 그치지 않는다. 누구나 다 인정할 수 있도록 목표 면담부터 확실하게 만들어 가야 한다. 조직장의 관심, 진정성, 성장시키려는 마음, 적극 표현이 중요한 이유이다.

핵심 부서인데
상대평가로 불만이 높다면?

핵심 부서 팀장의 고충

제조기업인 A기업의 평가제도 개선 컨설팅을 수행하였다. A기업은 철저한 정규 분포의 상대평가를 하고 있었다. 평가 결과는 5등급으로 S(10%), A(20%), B(40%), C(20%), D(10%) 비율이었다. 약 100개의 팀 중 핵심 부서는 신성장개발팀이다. 10명의 팀원은 전원 석사와 박사이며, 현장 경험 10년 차 이상의 전문가이다. 매년 1건 이상의 신제품 개발을 해내고 있고, 상품화에 성공하여 현재 매출의 30% 이상이 신성장개발팀에서 개발한 제품이다. 신성장개발팀의 모토는 '3년 단위로 총 매출 중 신 제품의 비중을 30% 이상 가져간다.'이다. 이 팀도 상대평가의 룰에 적용 받아, 작년 10명 중 7명이 B등급 이하의 평가를 받았다. 박사이면서 막내인 김 선임은 D등급을 받아 3일간 출근하지 않다가 퇴직서를 제출하여, 수행하고 있는 프로젝트에 차질이 생긴 상태이다. 평가 발표가 되면 팀 분위기가 현저하게 침체된다. 사실 A기업은 평가 결과가 보상에 영향을 주는 요인은 그리 높지 않다. 노동 조합 등 여러 요인으로 S등급과 D등급의 동일 직급 입사자라면 성과급 100만 원 수준이 전부이다. 보상보다는 자존심의 문제이다.

신성장개발팀장은 평가 시즌이 되면 괴롭다. 다들 열심히 하고 각자 맡은 직무의 전문성이 매우 높은 핵심인재들이다. 10명이 회사 매출과 이익에 기여한 정도는 타 팀과 팀원에 비해 압도적이다. 회사는 매년 특별 인센티브를 지급하고 있지만, 자신이 받은 평가 등급에 대한 불만은 매우 높다. 팀장은 가장 성과가 높은 1명을 제외하고는 성과와 역량과 무관하게 순번에 의해 평가를 한다. 가장 낮은 등급은 무조건 신입직원이다. 팀원들이 묵인한 사항이었는데, 작년에 신입 직원이 내부 이의제기를 하고 퇴사하였고, 금번 또 문제가 발생하여 CEO에게 질책을 받았다.

핵심 부서 어떻게 평가할 것인가?

핵심 부서는 경쟁사가 모방할 수 없는 차별화된 경쟁력을 갖고 있는 부서이다. 경영진은 사람이 경쟁력이라고 하지만, 막상 특정 부서를 편애하는 것에 대해서는 부담스러워한다. 핵심 부서에 근무하는 직원들은 역량과 성과도 높게 내야 하지만, 회사에 대한 충성심도 높아야 한다고 생각한다. 특별 인센티브와 함께 가끔 찾아가 위로하고 회식하면 그들이 더 성과를 낼 것이라 생각한다.

사실 핵심 부서에 근무하는 직원들은 부담이 크다. 핵심 부서라고 부르면서 획기적 성과를 기대한다. 일정 기간 신 상품 개발 건수가 없으면 차가운 시선으로 바라본다. 마치 엄청난 처우를 해주었던 것처럼, 그렇게 잘해 줬는데 간절함이 없다는 식으로 말한다. 외부에서는 더 높은 직급과 연봉으로 오라는 유혹도 많다.

핵심 부서의 직원들이 떠나지 않고 자신의 일에 몰입하는 요인은 무엇인가? 핵심인재로 선발되기 전에는 연봉과 복리후생이 매우 중요한 요인이다. 하지만, 핵심 부서에서 근무하는 핵심인재들은 금전적 보상보다는 비금전적 보상에 더 열중하며 성과를 높이게 된다. 자신이 하는 일의 의미와 자부심, 도전과제를 수행하며 며칠을 밤을 지새며 느끼는 몰입과 성취감, 경영층의 관심과 인정, 주변 핵심인재들로부터 배우며 성장한다는 마음 등이 이들을 더 뛰게 한다.

인사 부서 입장에서는 평가 제도는 예외 없이 적용되어야 한다. 하지만, 평가 제도도 조직과 임직원의 성장과 회사의 지속 성과 창출을 위해 존재한다. 더 많이 성장할 수 있고 더 높은 성과를 창출할 수 있다면 제도의 개선은 이루어져야 하지 않겠는가?

핵심 부서에 대해서는 평가의 기준을 달리하면 어떨까?

첫째, 목표인 실행 과제는 타 부서는 수행할 수 없을 정도의 매우 높은 수준의 도전적 목표를 정하게 한다. 둘째, 매월 부서의 실행 과제를 경영층에게 발표하며 철저한 점검과 피드백을 실시한다. 셋째, 핵심 부서는 상대평가가 아닌 절대 평가를 하여 목표 달성과 실패에 대한 확실한 결과 적용이 되도록 하는 것이다.

핵심 부서의 핵심인재 한 명을 선발하고 육성하는 데는 보이지 않는 엄청난 노력과 비용을 필요로 한다. 회사 입장에서 한 명의 핵심인재를 잃는 것은 큰 손실이며 회복하기 어렵다. 모두에게 공평한 제도가 아니라 회사와 구성원의 성장과 성과를 위해서는 핵심 부서와 핵심 인재에 대해서는 더 높은 성장 기회를 부여하고, 획기적 성과를 창출할 수 있도록 차별적 제도를 운영해야 한다. 국내 대기업이 핵심 인재에 대해서는 별도 인센티브를 지급하는 이유이기도 하다. 핵심 부서와 핵심 인재에 대해서는 상대평가가 아닌 절대평가 방식을 적용하고, 높은 역량과 성과를 낼 수 있도록 개별 멘토링 등과 같은 방식으로 관심을 갖고 지도하며 이끌어야 한다.

면담 상황 3.
저성과자 평가 어떻게 할 것인가?

김 과장만 없었으면 좋겠어요

저성장 시대, 기업은 퇴출 없이는 채용을 이어갈 수 없게 되었다. 성과주의 인사가 강조되면서 소수의 핵심 직무와 핵심 인력에 선택과 집중이 이루어지고, 시장에서의 전문성과 가치가 개인 보상의 중심이 되었다. 문제는 낮은 역량과 성과를 내는 직원이다. 온정주의 문화와 강한 노사관계 하에서, 이들에 대한 퇴직은 거의 불가능하다. 이들은 타 기업은 고사하고, 회사 내 그 어느 부서에 보낼 수 없고, 다른 직무를 부여할 수가 없다. 심한 경우에는 조직과 구성원에게 폐해를 주고, 기여는 거의 없는데 조직 구성원으로 잡혀 있어 다른 직원을 뽑을 수도 없다.

김 과장의 연봉은 높아 일할 맛 안 난다는 후배들의 불만이 높아 조직장에게 큰 부담이 되고 있다. A팀 직원들 전원이 팀장을 찾아 와, "저희가 김 과장 일을 나눠 하겠다. 김 과장만 없으면 좋겠다."라고 고통을 호소한다. 팀장도 할 수 있는 방법이 없다. 회사 내에서 김 과장은 문제아로 소문이 나서 아무도 함께 근무하려고 하지 않는다. 작년에 B팀으로 이동시키려 했으

210

나, 김 과장이 오면 전원 퇴직하겠다는 B팀 팀원 때문에 무산된 적이 있다. 인사 부서는 너희 팀원이니까 팀장이 책임지라고 한다. 김 과장은 팀원들과 점심을 먹지 않는다. 출퇴근 시 인사도 없다. 아무도 김 과장이 무엇을 하는가 관심이 없다. 김 과장은 퇴직할 생각이 없다. 자신은 자기 역할을 다하고 있다고 생각한다. A팀장의 고민이 깊어 갈 수밖에 없다. 김 과장을 어떻게 할 것인가?

왜 인력 유형별 관리가 필요한가?

모든 직원들이 살아 온 환경, 역량 수준, 생각과 일하는 방식이 다르다. 뛰어난 사람도 있고 조금 떨어지는 사람도 있다. 수많은 다양성이 존재하는데, 이러한 다양성을 무시하고 누구에게나 동일한 과업을 부과하는 것은 조직을 망하게 하는 지름길이다. 가정에서도 유치원에 다니는 딸과 대학원생인 딸에게 동일한 수준의 요청과 용돈을 주지 않는다. 하물며 이익을 창출하여 지속성장해야 하는 기업에서 직원의 성과와 역량을 무시하고 동일한 직무를 수행하게 할 수 없다. 역량과 성과가 높은 직원에게는 더 높은 수준의 과제와 보상을 주고, 역량과 성과가 낮은 직원에게는 낮은 수준의 직무를 부여하되 육성의 기회를 더 주어야 한다. 역량이 높은 직원에게 평이한 업무를 부여하고, 역량이 낮은 직원에게 높은 수준의 직무를 부여하는 조직장은 없다. 개개인의 역량 수준에 맞게 목표를 부여하고 과정 관리를 해줘야 한다.

통상적인 인력의 구분은 성과(3개년 정도의 평가)와 역량(역량평가 또는 조직장의 판단 등)으로 3단계 구분이 일반적이다.

A-Player(핵심인재)는 고성과자로 미래 리더로 성장할 잠재력 있는 인재이다. 통상 전체 임직원의 10%수준이며, 업의 특성이나 성장 단계 등에 따라 달라진다. 이들은 경영 변화에 민감하며 사업 전략을 수립하거나, 새로운 제품을 개발하는 역할을 한다.

B-Player(유지 인력)는 위기 시 회사의 안정을 도모하고, 변치 않는 로열티로 기존 사업의 굳건한 토대 역할을 담당한다. 전체 구성원의 85% 수준이다.

C-Player(저성과자)는 퇴출 또는 재교육이 필요한 하위 5% 미만의 자로서, 성과와 역량이 매우 떨어진다. 이러한 저성과자는 본인에게 주어진 성과목표를 달성하지 못할 뿐만 아니라, 타 구성원 및 조직전체에도 부정적인 영향을 주게 되어 회사가 추구하는 전략적 목표 달성을 어렵게 하는 사람이다.

성과와 역량을 중심으로 인력을 구분 시, 성과는 통상 3개년 고과를 기준으로 3~5단계 영역으로 나눈다. 고과 등급별 점수를 부여하고, 3년의 고과 점수를 기준으로 영역별 구분을 실시한다. 3단계일 경우, 상위(20%), 중간(70%), 하위(10%) 수준으로 나눈다. 역량도 3~5단계로 나눈다. 통상적으로는 역량평가는 역량수준, 경영자 판단, 근속년수, 연령 등을 고려하여 단계를 구분한다. 측정은 설문이나 인터뷰를 활용하기도 하지만 3X3 Matrix에 의거하여 인력 유형별 관리를 한다.

저성과자 평가와 관리의 6가지 포인트

첫째, 저성과자에 대한 정의이다. 저성과자에 대한 정의를 어떻게 내리느냐에 따라 선정과 구성원과의 공감대를 조성할 수 있다. 통상 3년 이상 성과와 역량이 하위 5~10%이내의 자이며, 조직과 구성원에게 정신적, 물리적 폐해를 주는 사람이다.

둘째, 선정의 기준과 공정성이다. 선정 기준과 그 공정성이 확보되지 않으면 조직과 구성원의 반발은 물론 노사갈등의 원인이 될 수 있는 만큼 신중해야 한다. 선정기준은 통상적으로 3개년 성과와 역량 평가 하위 5~10%인 자 중에 조직장이 조직과 구성원에게 직간접적으로 폐해를 준다고 구체적으로 명시한 자이다. 이때 평가결과는 매우 중요한 자료이다. 등급보다는 순위로 관리하고, 면담 기록이 구체적이어야 한다.

셋째, 선정된 사람에 대한 회사의 해고 회피 노력이다. 최소한 3차에 걸친 육성 기회 부여와 체계적인 조직장 면담이 이루어져야 한다. 회사가 노력했음에도 본인의 개선의지가 없었음을 구성원들이 인지하도록 이끌어 가야 한다.

넷째, 퇴출에 따른 금전적/비금전적 지원이다. "일도 안 하고 성과도 없는 사람에게 무슨 명예퇴직금이야? 인사는 이런 일하라고 있는 조직이잖아?" 하면 답이 없다. 퇴직하는 이가 마음의 상처를 입지 않도록 회사의 배려가 필요하다.

다섯째, 끝까지 퇴직하지 않는 사람에 대한 조치 방안과 법적 준비이다. 많은 방안들이 있지만 쉬운 일은 아니다. 이들은 이미 갈 데까지 갔다는 생각으로, 개인과 조직 갈등을 일으키는 등 회사에 보이지 않는 손실을 준다.

여섯째, 퇴출 후의 구성원 사기진작방안이다. 함께 일한 동료를 그 어떤 이유든지 보냈다는 점은 마음 아픈 일이다. 힘들었던 상황에서 벗어나 새롭게 목표를 설정하고 도전하며 몰입하게 해야 한다. 조직장의 역할이 무엇보다 중요하다.

나도 언젠가는 될 수 있다는 생각에서 사람을 사랑하는 마음이 기본이다.

직장인이라면 누구나 스스로 일을 제안하여 성취감을 느끼며 일 할 맛 나는 조직 생활을 하며 인정받기를 희망한다. 저성과자 관리는 우선, 성과를 창출할 수 있도록 기회를 제공해야 한다. 역량을 강화시키고, 새로운 직무 기회를 제공하는 등의 체계적이고 적극적인 노력이 요구된다. 그러나, 최근 기업들의 저성과자 퇴직 관리는 급작스럽게 임박하여 실시하다 보니, 구성원의 마음에 상처를 주게 된다. 많은 구성원들에게 미래를 잃어버리게 하고, 꿈을 없게 만든다. 설령 퇴직이 유보되었다 하더라도 마음에 상처를 입은 구성원을 이끌고 즐겁게 좋은 직장을 만들어 가자고 이야기할 수 없다.

저성과자 관리의 초점은 **"나도 언젠가는 될 수 있다는 생각에서 사람을 사랑하는 마음이 기초"가 되어야 한다. 그들도 한 가정의 아버지이며 어머니라는 점을 잊어서는 안 된다.** 각자의 위치에서 현재와 미래에 더 성장하고 인정받고 성취할 수 있도록 할 수 있는 세심한 배려와 지원을 해야 한다. 그러나, 변하려 하지 않고 지속적으로 조직에 장애나 부담이 되는 사람에 대해서는 어렵지만 적극적으로 자발적 퇴직을 유도해 갈 수밖에 없지 않겠는가?

면담 상황 4.
자신의 수준을 모르고 바꾸려 하지 않으려는 직원

나는 중간 정도는 하고 있다

A차장은 정년 3년을 남긴 차장 15년차의 고참이다. 참지 못하는 성격과 거친 말로 회사로부터 몇 번의 질책을 받고 더 이상의 승급을 하지 못하며 차장 팀원으로 머물고 있다. 팀장도 A차장의 까마득한 후배이다. A차장은 입사 후 줄곧 개발 부서에서 일을 했기 때문에 부서 일에 대해서는 확실히 꿰고 있다. 거쳐간 선배부터 후배까지 A차장을 모르는 사람이 없고, 앞에서는 웃지만 뒤에서 좋게 이야기하는 사람이 없다. 개발팀장은 입사 후 줄곧 생산에서 근무하다 팀장이 되면서 개발팀장으로 발령을 받았다. 개발팀장은 개발팀에서 가장 오래 근무했고, 다양한 일을 경험한 A차장에게 지원을 기대했지만, 첫 면담을 하면서 없는 사람 취급을 해 달라는 요청에 당황하게 되었다. A차장은 개발팀에 대해 알지도 못하고, 나이도 어린 후배가 팀장으로 온 것이 못마땅했다. 자신은 자신이 맡은 개발 업무에 매진할 테니 신경 쓰지 말고 매뉴얼부터 공부하라고 한다. 개발팀장은 A차장에게 일을 하면서 많은 조언을 부탁한다고 요청했으나,

팀원이 팀장에게 무슨 조언이냐고 알아서 잘하라고 한다.

개발팀장은 매월 팀원들 전체를 회의실에 모이게 하고 한 달 동안의 업무 실적과 다음 달 계획, 역량 향상을 위해 노력한 것, 잘한 점, 애로사항을 발표하라고 했다. 매월 모든 팀원들은 5분 안에 자신의 발표를 실시한다. A차장은 항상 개발하고 있는 단 하나의 프로젝트에 대해 진행 중이라고만 한다. 팀장이 구체적으로 무엇을 했고 그 결과가 무엇이냐 물으면 이 자리에서 그것을 다 말해야 하느냐며 화를 내며 계획대로 진행 중이라고 한다. 프로젝트 추진 계획서를 보고하라고 하면 알았다고 하고 더이상 진척이 없다. 발표가 끝나면 개발팀장은 팀원과 개별 면담을 실시한다. 통상 20분 정도 소요되며, 업적과 역량 관련하여 계획을 듣고 피드백 해 주고, 1달간 지켜본 사항에 대한 생각과 일하는 방식에 대한 의견을 나눈다. A차장은 자신의 말은 거의 하지 않고 듣기만 한다. 사실 지금 무엇을 하고 있고, 다음 달 무엇을 할 것인가에 대한 설명이 없으니 팀장도 업무 추진 내용과 계획에 대해 보고서로 작성해 언제까지 보고하라는 말만 반복한다. A차장에게 강하게 질책하지 못하고, 알아 듣도록 돌려 부드럽게 이야기를 하고 면담을 마친다.

A차장은 팀원 또는 타 부서 직원에게 자신은 열심히 하고 있고, 나이가 있어 큰 성과는 내지 못하지만, 그래도 중간 정도는 일하고 있다고 말한다. 팀장이 자신과 면담하며 조금 더 성과를

내주길 바라지만, 이 정도면 되었다고 한다고 말한다. 이 말을 들은 팀원들은 너무나 팀장에게 실망한다. 다른 팀원과 저녁을 함께 하는데, 조심스럽게 "팀장님이 A차장에게 이 정도만 하면 되었다고 말씀하셨어요?" 묻는다. 황당하다는 표정으로 어떻게 이런 말을 하냐고 물었지만, 자신이 큰 잘못을 하고 있음을 알게 되었다.

성과와 역량이 떨어지고 개선하려는 노력도 하지 않는 직원 어떻게 할 것인가?

회사는 친목 단체가 아니라는 말을 강의가 있을 때마다 강조한다. 참석한 팀장과 임원들도 이 사실을 알고 있다. 하지만, 자신의 조직에 정년 퇴직을 몇 년 남기지 않은 성과와 역량이 떨어지며, 하려는 노력도 하지 않는 고참 직원이 있으면 괴롭다. 이들은 젊었을 때 자신이 했던 업적을 강조하며 이렇게 젊음을 다 바쳤는데, 나이 들었다고 이렇게 무시하냐며 화를 낸다. 지금 자신이 놀고 있는 것도 아니고, 지각 한 번 하지 않고 열심히 출근해 일을 하고 있는데 너무하는 것 아니냐고 한다. 나이 많은 팀원이 사무실에서 큰 소리로 이런 불만을 토로하면 팀장은 물론 임원들도 난처하다. 좋은 것이 좋은 것이라고 알았다고 하며 달래게 되는데, 이것이 새로운 갈등의 화근이 된다. 우수한 직원들이 조직을 떠나고 싶어 하거나 떠난다. 어느 사이 A차장과 같은 또 다른 직원들이 생겨난다. 이들은 자신이 정년 퇴직할 때까지 회사는 망하지 않을 것이고, 출근만 하면 급여는 나온다고 생각한다. 젊었을 때 덜 받은 것을 지금 받는다고 생각하며 부끄러움도 없다. 더 무서운 것은 이러한 마음과 행동이 회사 전체에 전파되어 전염된다는 점이다.

성과와 역량이 떨어지며 개선하려고 하지 않는 직원에게는 정확한 현재 위치를 알려 주고 강한 질책을 해야 한다. 조직장은 나이와 직급을 떠나 조직장이라는 생각을 갖고 행동을 해야 한다. 조직장은 조직을 대표할 뿐만 아니라 이끌어가야 하는 책임이 있다. 사과 상자에 약간 썩어가는 사과는 썩은 부분을 도려내고 활용할 수 있다. 하지만, 완전히 썩은 사과가 있다면 빨리 버려야 한다. 썩어가는 사과와 썩은 사과를 방치하면 온전한 사과들도 빠르게 썩기 마련이다.

회사와 조직도 마찬가지이다. 회사와 조직이 지속 성장하기 위해서는 조직 구성원들이 일에 대한 자부심과 열정으로 하나가 되어 성과를 창출해야 한다. 즐겁고 행복한 분위기에서 일하는 것은 중요하다. 성과를 창출하는 것이 보다 중요하다. 성과를 내지 못한다면 회사와 조직은 망할 수밖에 없다. 망한 다음에 즐거움과 행복이 어디 있겠는가? 회사와 조직은 망한 다음 아무 것도 남는 것이 없다.

강하게 질책했지만, 개선되지 않는다면 서면 경고를 하고 강력한 주의를 줘야 한다. 대부분 팀장이 주는 서면 경고는 무시하는 경향이 있다. 행동이 지속되면 회사에 정식 징계위원회를 요청하고 징계를 받도록 해야 한다. 조직장으로 소속 구성원을 징계위원회에 회부하는 일은 힘들고 괴롭다. 하지만, 한 개인에게 좋은 것이 좋다는 생각을 가지면 조직과 다른 직원 모두가 무너진다. 냉정한 마음으로 징계위원회가 결정하도록 해야 한다. 면담을 최소 월 단위로 정기적으로 하고, 수시로 잘못했을 때 면담을 하고 기록을 가지고 있어야 한다. 많은 노력을 했음에도 개선되지 않는 직원에게 시간과 노력을 투자하는 것은 무의미한 일이다. 그 직원에게도 새로운 길을 통해 성장과 성취할 수 있는 기회를 주는 것이 옳다. 조직장이라면 냉정해지는 것을 두려워하면 안된다.

면담 상황 5.
왜 저성과자를
타 부서로 보내면 안 되는가?

A과장의 부서 이동 희망

12월 연말 평가 면담이다. 다른 팀원과 면담은 순조롭게 진행되었다. 문제는 팀에서 가장 성과와 역량이 떨어지는 A과장 면담 차례이다. 지난 1년 동안 판단과 문제 해결에 관한 교육, 사례 연구, 여러 과제를 부여하였지만, 그렇게 많은 개선은 보이지 않는다. 업무 수준은 다소 낮은 가치의 과제를 여러 개 부여했다. 과장이라는 직급치곤 스스로 일을 찾아 성과를 올리지 못한다. 일의 대부분은 팀장에게 지시를 받아 진행하며, 점검을 하지 않으면 기간 내 마무리되지 않는다. 성격은 온순하고 지각한 번, 조퇴 한 번 없이 직장생활에 열심인 편이나 팀 동료와 거의 대화를 하지 않는다.

팀장은 A과장 면담을 하면서 업적에 대해서는 내년부터 자신이 스스로 과제를 만들어 수행해야 하며, 업무는 유지 업무, 개선 업무, 도전 업무로 구분할 때 개선과 도전 업무를 50% 이상 차지할 수 있도록 실행 과제를 2주 안에 제출하라고 했다. 역량에 대해서는 의사 결정과 추진력을 강화하도록 지시하고 도전 과제 3개 이상, 제안 30개, 전기기사 자격증 취득을 하라고 지시했다. 또한 1년동안 사내 인맥 구축을 위해 과장 이상의 직원 500여 명의 이름과 얼굴을 다 매칭할 수 있도록 관계의 폭을 넓히라고 지시했다. 업적과 역량 향상을 위해 팀장은 A과장에게 매주 30분씩 시간을 정해 면담할 것을 요청했다. 자리로 돌아간 A과장은 한참을 고민하더니 팀장에게 가서 부서를 옮겨달라고 요청한다. 자신이 담당하는 직무도 적성에 맞지 않고, 팀장을 포함한 팀원들과는 원만한 관계를 유지하기 어렵다고 어떤 부서가 되어도 좋으니 팀을 옮겨달라고 한다.

저성과 인력이 적성이 맞지 않다고 부서를 옮겨달라고 할 때 어떻게 하겠는가?

결론적으로 조직 내 저성과인력의 타 팀 이동은 신중하게 고민하고 가급적 수용해서는 안된다. 지금 있는 곳에서 인정받지 못하는 직원을 보내는 것은 소속 조직장뿐만 아니라 회사입장에서도 큰 손실이다. 저성과인력을 타 팀에 보내지 않아야 하는 이유는 다음과 같다.

① 저성과인력이 타 팀에 가서 잘한다는 보장이 없다. 현재 이곳에서 역량과 성과가 떨어져 평가가 좋지 않은데, 타 팀에 가서 갑자기 역량과 성과가 좋아지지 않는다.

② 설령 부서 이동이 된다고 해도 업무도 모르기 때문에 간 팀에 민폐가 되어 조직과 팀원을 힘들게 할 가능성이 높다.

③ 간 팀원이 이전에 있던 팀과 팀장을 좋게 이야기하지 않을 가능성이 높다.

④ 무엇보다 회사에서 보낸 팀과 팀장을 좋게 보지 않는다. 경쟁력 없는 직원을 폭탄 돌리기 식으로 보내는 팀과 팀장에 대해 좋게 이야기할 사람은 없다.

어떻게 조치할 것인가?

물론 현재 팀이 적성이 맞지 않거나, 원하는 직무가 아닐 수 있다. 하지만, 지금 있는 곳에서 성과를 내지 못하는 직원이라면 다른 부서에 가서도 그럴 것이라는 생각이 강하다. 옮기려면 받는 곳에서 환영하는 사람이 되어야 한다. 인정받고 떠나야지 쫓기듯 떠나는 모습은 아니다.

팀장은 사업, 상사의 목표와 연계하여 팀이 해야 할 역할을 다하고 성과를 창출해야 한다. 팀의 성과는 팀장 혼자 낼 수가 없다. 팀과 팀원이 하나가 되어 한 방향을 향해 열정을 다하고 항상 새로운 가치와 성과를 창출해야만 한다. 혼자가 아닌 함께 해야 한다. 팀장은 팀의 바람직한 모습, 방향, 전략, 중점과제를 만들어야 한다. 올바른 의사결정을 신속하게 내려 성과를 창출해야 한다. 조직과 구성원을 결속하게 하고 상호 일을 통해 성장하도록 해야 한다. 선배에 의한 후배 지도가 문화로 정착되도록 이끌어야 한다.

저성과자가 팀원이라면 관심을 갖고 어디에 가서도 인정받을 수 있도록 육성해야 한다. 매일 약 10분 또는 매주 1시간 정도 시간을 내어 개별 지도를 하거나, 중간 점검을 해주어야 한다. 항상 목표를 갖고 고민하며 긴장하도록 해야 한다. 일하는 방법이 서툴면 일 잘하는 방법을 알려주면 된다. 인성이 나쁘면 태도를 고쳐 인성을 커버할 수 있도록 해야 한다.

약 2년 정도의 기간을 잡고 함께 근무하며, 먼저 성과를 높이기 위한 방안과 노력을 해야 한다.

품성과 성과를 보며, 희망 부서에 대한 사전 지식과 간접경험 (멘토링 등)을 하게 한 후 인정받고 이동하도록 해야 한다.

실행 과제의 수준을 갈수록 높여 과장으로 해야 할 일을 하도록 하는 것이 중요하다.

과장이라면, 적어도 팀 내 사원들에게 팀의 업무 프로세스에 대해 설명을 해 줄 수 있어야 한다.

주어진 과제를 해결하는 수준이 아닌 과제를 창출할 줄 아는 수준으로 올려야 한다. 후배들에게 영향을 줄 수 있는 선배로 우뚝 서게 해야 한다. 혼자 할 수 없다. 함께해야 한다.

만약 많은 관심과 지도, 배려를 했지만 변하지 않거나 변하려 하지 않으면 냉정해야 한다.

낮은 평가 결과에 불만하는 직원 어떻게 면담할 것인가?

뛰어난 성과를 낸 두 직원의 낮은 평가

중간 평가 결과가 개인들에게 통보되었다. 업적, 역량, 중간 관찰 사항의 결과이다.

A과장은 3명밖에 안 되는 팀의 성과 70% 이상을 혼자 다 처리했다. 매일 야근이었고, 많은 업무 처리 때문에 때로는 집에서, 때로는 주말에 출근하여 기간 내 마무리했다. 업적 평가는 A등급이었으나, 역량은 C등급이고, 관찰 사항은 긍정적 내용보다는 일을 함께하지 못하고, 혼자 하려는 경향이 매우 강하며, 팀워크에 약하다는 부정적 평가이다.

B과장도 상황은 동일하다. 많은 일을 거의 혼자 도맡아 했지만, 일에 대한 열정과 업적은 인정하지만, 팀원과 주변 사람들과 소통, 협업, 관계 관리에 있어 매우 낮은 평가를 받았다.

인사팀장은 A와 B과장을 불러 각각 면담을 하였다.

A과장은 면담 내내 불만을 토로한다. 팀원들은 자신의 일임에도 불구하고 하지 않으려 하고, 자신에게 일을 요청하거나 미

른다. 빨리 일을 하지 않으면 고객의 불만으로 회사에 미칠 부정적 영향이 크다. 자신은 일을 많이 한 잘못밖에 없는데 이런 평가를 받아 매우 당황스럽고 화가 난다고 한다. A과장은 면담 내내 시계를 바라본다. 바쁜 일이 있냐고 물으니, 해야 할 일이 많아 빨리 면담을 끝내 달라고 한다. 무슨 일이 많냐고 하니, 당장 오늘 피드백 해야 할 일이 3개이고, 내일까지 마감인 보고서 작성을 해야 한다고 한다. 만약 매일 이렇게 바쁘고 힘들게 일하다 쓰러져 병원에 입원하면, A과장의 심정과 회사는 어떻게 조치할 것인가 물었다. A과장은 아무 말도 하지 않더니, 열심히 일을 한 사람에게 칭찬을 하지 못할 망정, 기분 상하게 하는 평가는 하지 않는 것이 좋다는 말만 반복한다.

B과장은 자리에 앉자마자 평가 결과에 충격을 받았다고 말한다. 이유를 물으니, 자신은 일만 열심히 하면 된다고 생각했는데, 일은 혼자 하는 것이 아닌 함께 하는 것을 크게 느꼈다고 한다. 지금까지 혼자 하는 일에 익숙했다면, 함께 하는 방법을 찾아야겠다며 도움을 요청한다. 인사팀장이 상사의 지원은 어떻게 받느냐 물으니, B과장이 적극적으로 상사와 소통하는 것은 없었다. 인사팀장은 B과장에게 소통 특히 상사와 소통하는 여러 방법을 이야기하자, 눈빛이 강해지며 기록하는 B과장을 바라본다.

낮은 등급을 받았을 때 기억해야 할 3가지 키워드

자신은 열심히 했고 높은 성과를 냈음에도 불구하고, 낮은 평가를 받았을 때 어떤 감정이 들겠는가? 당황스럽기도 하고, 화가 나기도 하고, 뭔가 잘못되었다는 생각도 들 것이다. 팀장에게 면담을 요청하여, 자신이 잘한 점을 이야기했지만, 돌아오는 답변은 명약관화하다.

많은 직원들이 낮은 평가를 받으면 소극적이거나 부정적 생각을 한다. '그래, 내가 열심히 하나 보자. 대충 일하자', '이런 평가를 받으려고 내가 그동안 그렇게 열심히 했나?', '상사의 공정하고 투명하지 못한 결과다. 일을 좋지만 이런 상황에서는 이 부서에 못 있지?', '말도 안 되는 일이다. 가만 있을 수 없지. 이의제기를 할까? 투서를 할까?', '중이 절이 싫으면 떠나야지. 그래 이직 준비나 하자' 등등 수많은 부정적 생각을 하고, 이러한 생각은 언행에 그대로 반영된다.

낮은 등급을 받았을 때 가장 먼저 경계해야 할 키워드는 '울분'이다.

낮은 결과를 수용할 수 없어 울분을 참지 못하는 경우이다. 사실 모든 사람들은 자기 자신에게 관대하다. 자신이 이전보다 열심히 했으면, 훨씬 좋은 평가를 받고 그 노력에 보상을 받길 희망한다. 자신이 속한 조직의 목표에 자신이 얼마나 기여했는지 모른다. 조직의 다른 직원들이 얼마나 높은 업적을 냈고, 역량을 보유하고 발휘했는지 모른다. 자신이 조직에 어떤 가치를 높이는 데 기여했는지 설명하지 못한다. 낮은 등급에 대해 이해할 수 없다고 화를 낸다. 화를 낸다고 상황이 개선되는 것은 하나도 없다. 오히려 악화를 초래할 뿐이다.

다음 키워드는 '성찰'이다.

무엇이 자신을 낮은 등급을 받게 했는가 생각하고 근본원인과 해결책을 마련해야 한다. 업적을 올리는 방안을 찾기 위해 먼저 자신이 어떻게 목표를 설정했고, 이를 월/주/일 단위로 과정 관리를 했는가를 살펴야 한다. 자신이 낸 업적에 대해 자신만 알고 있으면 곤란하다. 매일 자신이 할 과제와 한 내용에 대해 최소 직속 상사와 공감을 이루어야 한다. 적어도 1주일에 한 번 개별 면담을 통해 목표에 따른 실적과 계획을 공유하며 피드백을 받아야 한다. 역량도 마찬가지이다. 자신에 대한 성찰 없이 문제를 개선하려고 하는 것은 불가능하다.

마지막 키워드는 '새로운 기회'이다.

낮은 등급을 받은 것은 과거이다. 새로운 도전 목표를 세우고 악착 같은 실행으로 더 높은 성과를 올리고 역량을 강화하면 된다. 지난 힘든 순간이 새로운 도약을 하는 계기가 되도록 만드는 것이다. 가장 중요한 것은 긍정 마인드이다. 이를 기반으로 높은 목표를 내재화하고 즐기듯 실행해 나가면 된다. 이때 유념해야 할 점은 바로 소통이다. 혼자 절대 큰 업적과 성취를 이룰 수 없다. 함께해야 한다. 적극적 소통을 통해 좋은 관계를 형성하고 함께 성장하고 성과를 낼 수 있도록 관심을 갖고 배려하며 노력해야 한다.

화가 난다고 직장을 떠나는 사람이 있다. 옮긴 직장도 완전무결할 수가 없다. 그곳에서 다른 이유로 화가 날 때 또 떠날 것인가? 화가 나더라도 자신을 돌아보고 그 가운데 기회를 찾아 성취하는 사람이 진정 강하다는 것을 자각하게 해줘야 한다.

면담 상황 7.
역량이 떨어지는 고참 어떻게 성과 면담 할 것인가?

어느 조직장의 고민

　재무팀을 맡고 있는 A팀장이다. 2014년부터 팀장을 맡고 있지만, 팀 리더가 갖춰야 할 역할과 성과 관리 및 리더십에 대한 전문적인 교육은 받지 못했다.

　리더라면, 올바른 품성, 높은 수준의 전문성, 목표와 성과를 연결하는 조직관리능력이 있어야 하는데, A팀장은 겸손하지 못하고 조직관리능력이 약하다.

　팀은 타 팀에 비해 연차가 많은 사람으로 구성이 되어 있다. 한 업무만 10년 넘게 하고 있다 보니 그 직무는 잘하는데 팀 내 다른 직무에 대해서는 아는 바가 없고 알려고도 하지 않는다. 전반적인 팀 파워는 매우 떨어진다. 더 우려되는 점은 팀원들이 목표달성이나 성과에 대한 의욕이 없다는 점이다. 주도적인 목표달성 및 성취에 대한 동기부여가 매우 낮다. 상반기 성과평가 면담 시 무슨 말을 해야 할지 어려움이 있다.

　회사는 현재까지 고용 보장이 되어 있고, 최근까지 임금인상은 낮은 수준이지만 지속적으로 증가하고 있다. 급여가 오르는 직무 단계 상승은 한 단계 오르려면 차원이 다른 직무 전문성을 갖춰야 하고, 오랜 시간이 필요하다 보니 기대도 하지 않는 현실도 한 몫을 하고 있는 것 같다.

이런 환경에서 효과적으로 목표달성에 대한 동기부여를 하고 추진력 있는 조직으로 끌고 갈 수 있는 방법이 있을까?

긴장을 주고 전문성을 높이는 방안이 최선이다

연차가 높고 스펙은 떨어지면서 업무 역량도 낮은 직원에 대한 동기부여와 성과 창출 이슈는 3가지 방법이 바람직하다.

첫째, 직무의 긴장감을 부여하여 직무 확대를 가져가는 방법이다.

어려움이 있겠지만, 직무 순환이 직원에게는 가장 긴장을 주는 방법이다. 그렇다고 아무 준비가 되어 있지 않은데 직무를 순환시키면 많은 갈등과 혼란이 초래된다. 사전에 체계적인 준비가 요구된다. 먼저 모든 팀원에게 자신이 하고 있는 일을 어떤 사람도 할 수 있도록 매우 상세하고 체계적으로 직무 매뉴얼을 만들도록 하는 것이다. 매뉴얼은 가능한 PPT로 작성하여 강의를 할 수 있도록 하게 하는 것이 좋다. 매뉴얼이 만들어지면 이를 중심으로 팀원들 학습조직을 통해 서로 공유하게 한 후, 직무 순환을 하여 직무의 폭을 넓혀주는 방법이다.

둘째, 자격증을 취득하게 하는 일이다.

퇴직 후 40년을 더 살아야 하기 때문에 이 점을 자극하여 직무와 관련된 자격증을 취득하게 하여 동기부여 시키는 것이다. 그냥 자격증의 종류를 정하고, 실천하라고 하면 하지 않는다. 자격증 취득까지의 추진 계획을 제출하라고 하고, 일정 주기(예를 들어 한 달에 한 번)를 갖고 실행 여부를 점검하고 피드백을 줘야 한다. 취득하는 팀원에게는 축하 행사를 해서 칭찬해 줘야 한다. 취득까지의 과정과 비결을 정리해서 발표하는 것은 매우 중요하다.

셋째, 도전과제를 부여하는 방법이다. 재무 업무의 도전과제는 조직장이 고민하기 나름이다.

일상적인 업무만 하다 보면 당연히 매너리즘에 빠지게 된다. 해보지 않은 도전 업무를 부여하면 처음에는 힘들어하지만, 하는 과정에서 열정이 생기고 나중에 성취감을 맛보게 되면 도전을 두려워하지 않고 또 도전하게 된다. 도전과제는 5년 동안의 본부별 재무 분석을 통한 향후 3년 예측, 경쟁사의 재무 분석, 회사의 매출이나 이익을 극대화를 위한 주요 요인에 대한 분석, 인건비 5% 인상 또는 환율 1% 상승이 회사 매출에 미치는 영향, 합리적 절세 방안, 재무 프로세스 개선 방안 등 회사 사업과 성과와 연계하여 많은 이슈가 있을 것이다. 중요한 점은 이러한 새로운 도전 과제를 어떻게 도출하는가이다. 조직장은 부단히 외부 전문가와의 만남, 경영층의 니즈 파악, 독서, 개인 성찰 등을 통해 시사점을 얻고 도전 과제화해야 한다.

조직장의 역할은 방향과 전략 중점 과제를 도출하여 조직과 구성원의 역량을 향상시키고 성과를 창출하는 것임을 잊어서는 안된다.

면담 상황 8.
4년 연속 탁월 등급을 받은 직원의 조치

한 부서의 최고 성과를 내는 직원, 어떻게 할 것인가?

4연간 같은 팀에서 일한 A과장의 고과는 항상 탁월(S)이다. 회사는 1년 주기의 평가를 실시해, 탁월(S) 10%, 우수(A) 20%, 보통(B) 60%, 개선(C) 10%, 미흡(D)는 재량이다. A과장은 이미 3년 동안 탁월(S) 등급을 받을 만큼, 팀의 모든 중요하고 긴급한 일을 다 했고, 지금도 전략과 가장 중요한 과제를 수행 중이다. 금년에도 S등급이 확실한데, 팀장이라면 A과장을 어떻게 하겠는가?

① 핵심 인력인 만큼 더욱 중요한 과제를 부여하고, 인사팀에 A과장의 성과를 보고하여 승진 등 보상을 받을 수 있도록 한다.

② 면담을 통해 앞으로 하고 싶은 일, 역량 발휘하고자 하는 일이 무엇인지, 어떤 도움이 필요한지 확인하고 지원한다.

③ 성과를 낸 주요 요인을 파악해서 다른 팀원들에게 전파한다.

④ 더욱 도전적인 업무 부여 및 피드백 등 차기 리더로 키우기 위한 노력을 한다.

'대 퇴직 시대'라고 한다.

직원들은 두려움과 불편함이 많음에도 불구하고 왜 퇴직하는가?

경력 채용을 원하는 회사는 어떤 지원자를 선호하는가?

이 두 질문에 대한 답변은 명확하다.

1990년대 이전의 평생직장 시대에는 회사에 대한 충성심이 매우 중요했다. 당시에는 이직을 하기가 매우 어려웠다. 경력사원을 채용하려는 회사도 많지 않았고, 무엇보다 우리 회사의 직원은 우리가 선발하여 '백지 위에 그림을 그리겠다'는 생각이 강했다. 선배에 의한 후배 지도는 기본이었다. 회사 내 주인의식과 가족 같은 인간관계가 강했다. 이러한 사람과 정 중심의 회사를 이직하고 다른 회사로 가는 것은 배신 행위였다. 나가는 회사도 채용하는 회사도 색안경을 끼고 이직자와 지원자를 바라봤다.

시대가 바뀌었다. 지금은 역량과 성과가 높은 직원을 서로 채용하려고 한다. 타 회사에 대한 정보 습득도 매우 용이하다. 직원들도 자신의 가치를 올려 더 좋은 회사, 더 높은 보상, 더 나은 환경에서 일하기를 원한다. 내 가치가 높으면 그에 걸맞는 보상을 받아야 한다는 것을 당연하게 생각하고, 가치를 올리기 위해 노력한다. 이직과 취업을 결정을 할 수 있는 기준은 '남들보다 차별화된 역량과 성과'이다.

4연간 S등급을 받는 직원은 핵심(우수) 인력이다. 4년 동안 역량과 업적 모두 탁월(S) 등급을 받은 직원은 일과 사람 관계에 있어 최선을 다하고 성과를 내는 사람이다. 이런 직원은 어디를 가도 자신의 역할을 다하며 성과를 낸다. 회사 입장에서는 절대 놓쳐서는 안 되는 인재이다. 이러한 핵심 인력에 대해 빨리 발탁하여 관리자, 경영자로 선임하여 자신의 꿈을 실현하게 하고 회사에 더 높은 성과를 이끌도록 해야 한다.

이러한 핵심 인력을 계속 한 부서에 근무하게 하면 어떤 결과가 예상될까?

이 직원이 계속 한 부서에 있으면, 1~2년은 더 탁월한 성과를 낼 것이다. 하지만, 기간이 길어질수록 정체되게 된다. 대부분 다 해본 일이고, 잘한 일이기 때문에 더 이상의 도전과 개선을 하기보다는 유지하려고 한다. 도전하기보다는 편함을 추구할 가능성이 높다. 새로운 변화, 도전할 이슈가 없기 때문에 무사안일하게 될 수도 있다.

한 부서에 4년 S등급이라면 전략적 CDP를 통해 가능하다면 중요 부서로 이동시키는 것을 1순위로 할 것이다. 아직 국가기관, 공기업은 직무 순환을 하고 있다. 사내 직무순환제도를 활용하여 중요 부서, 중요 직무를 담당하여 역량을 키워주는 것이 가장 바람직하다.

만약 이것이 어렵다면 회사에서 일 잘하기로 소문난 소영웅으로 만드는 노력이 필요하다.

적게는 사내 강사, 공로상, 모범 사원, 매뉴얼 등을 통해 각인시키고, 학력이나 자격증, 해외 세미나 또는 박람회 참여 등의 노력을 하면 어떨까? 나아가 부장으로 조기 발탁 시키고 1년 정도 팀장 육성을 한 후 팀장을 맡기는 것도 중요하다. 회사가 여유가 된다면, 초 우량 기업에 1년 정도 파견 근무를 하게 하거나, 사업과 연계하여 1년의 자유 시간을 주고 국내 및 해외 기업을 방문하거나 시장 및 고객을 연구하게 하여 생각의 폭을 넓혀 주는 방안도 바람직하다고 생각한다. 중소기업이라면, 빨리 팀장으로 선임하여 관리자, 경영자 역량을 키우고 역할을 다하도록 하는 것이 가장 좋은 방안이다.

고려해야 할 점이 있다. 혼자 일할 수 없기에 이러한 뛰어난 핵심 인력과 함께 일하는 인력이 우수해야 한다. 그리고 이 핵심 인력이 주변의 질투와 시기를 받지 않고, 자신이 맡은 역할에서 성과를 내며, 스스로 동기부여 되도록 제도적 보완과 지원을 해줘야 한다.

면담 상황 9.

인사평가 대상자가 1명일 경우, 어떻게 평가해야 하는가?

후배 한 명이 평가 문의를 했다.

"저희는 팀별, 직위별로 상대평가를 하고 있다. 팀에 소수 직위의 인원이 있을 때 문제가 된다.

예를 들어, 사업전략팀에 과장이 1명밖에 없는 경우이다. 이 경우 현재까지는 대리와 함께 묶어서 평가를 하고 있다. 이를 개선하려면 어떻게 해야 하나요?"

평가를 통해 얻고자 하는 것은 보상과 승진에의 반영만이 아니다. 평가는 전사 인력운영의 방향과 수준을 정하고, 개인의 역량 향상과 이동 배치와 퇴직에도 영향을 미친다. HR의 각 기능(채용~퇴직)에 파급효과가 크기 때문에 평가 기반의 HR이란 이야기도 나온다.

이러한 평가가 공정하게 되기 위해서는

1) 평가 항목 및 가중치

2) 평가자와 피평가자의 구분 및 반영 기준

3) 평가 등급 및 가중치

4) 평가 시기 및 프로세스

5) 평가 면담, 모니터링 및 피드백

6) 평가 공정성을 높이는 제도의 수립과 실시 등을 세심하게 고려하여 지속적으로 운영되어야 한다.

후배가 요청한 피평가자군을 어떻게 구분하느냐는 매우 중요한 이슈이다.

팀별 직위별 상대 평가는 대 팀제인 대기업이 아니면 평가 모수가 안 되기 때문에 실행하기 어렵다. 이를 해결하기 위해서는 다음과 같이 5가지 측면에서 검토되어야 한다.

첫째, 평가 방법을 상대평가에서 절대 평가로 전환하는 방법이다. 절대평가는 주어진 목표를 달성했느냐가 중요하기 때문에 사업과 조직/구성원의 성숙도에 따라 해결책으로 검토할 수 있다.

둘째, 팀별 평가 단위를 본부 단위로 확대하는 방안이다.

직위별 모수가 늘기 때문에 상대평가가 가능할 수 있다.

셋째, 팀별, 직위별 평가를 본부별, 대리 이하/과장~부장으로 구분하여 실시하는 방법이다.

넷째, 1차 평가자인 팀장과 최종 평가자인 본부장의 평가 방식을 정하는 방법이다.

이 방법은 세가지 방법을 고려할 수 있다.

① 1차 평가자인 팀장이 절대평가를 하고, 최종 평가자가 직위별 상대평가를 하는 방법이다.

② 팀장과 본부장의 평가 비율을 정해 실시하는 방법으로, 예를 들어, 팀장은 60~70%, 최종평가자가 30~40%를 결정하는 방법이다.

③ 팀장은 팀내 순위를 결정하고, 최종 평가자가 순위는 바꿀 수 없고 등급을 결정하는 방법이다.

다섯째, 조직 평가와 개인 평가를 연계하는 방법이다.

조직 평가의 결과가 확정되면, 개인 평가의 등급 비율이 조직 평가에 따라 달라지는 경우이다. 예를 들면, 사업전략팀의 조직 평가가 S이면, 개인 평가의 기준은 S 10%, A 20%, B 60%, C/D 10%에서 S 30%, A 40%, B 30%로 조정되는 방법이다.

사실 어느 안을 택하더라도 문제와 불만이 있다. 평가의 공정성을 높이기 위한 철저하고 지속적인 면담과 종합 의견 기록하기, 평가자 교육 및 평가자 워닝제도, 평가이의제도, S등급의 공적서와 C등급 이하의 사유서, 전년 대비 2등급 이상의 차이가 있는 경우 의견을 달도록 하면 공정성은 많이 개선되게 된다.

평가는 조직장이 해야 할 중요한 역할 중의 하나라는 인식이 중요하다.

평가가 단순히 보상과 승진이 아닌 전사적 관점의 인력 운영의 기본임을 깨닫고, 조직과 구성원의 역량을 강화하며, 성과를 창출하여 회사가 지속 성장을 할 수 있도록 진정성을 갖고 평가에 임해야 한다.

직원 10명인데 평가를 해야 하나요?

A사장의 고민

서비스업으로 8명의 팀원과 팀장 2명, 총 10명의 직원과 함께 중소기업을 이끌고 있는 A사장을 만났다. 하루하루가 전쟁이고 쉬고 싶다는 생각도 많다. 하지만, 10년 넘게 운영한 회사이고 10명 직원의 오늘과 내일이 있기에 매일 출근을 하고 있다. 회사가 지방에 있어 가장 젊은 직원이 30대 후반이고, 신입사원들은 출근했다가 한 달을 채우지 못하고 퇴직한다. 현재 근무하는 10명은 전부 5년 이상 근무해 성격이나 업무 스타일은 물론 가정 상황까지 알고 있다. 최근 고민은 팀원들의 근무 자세와 성과이다. 경기가 최악인 것은 누구나 안다. 넋 놓고 하늘에서 비 오기만을 기다리는 농부가 아닌 기업인이다. 뭔가 주도적으로 위기를 기회로 만들 안들을 수립하고 조금 더 도전적으로 일해야 하는데 다들 넋을 놓고 있다. 밖에 나가 영업을 하는 직원은 점심도 못 먹고 뛰어다니는데 성과는 미미하다. 사장이 되어 매번 전 직원을 모아 놓고 이야기한들 잔소리밖에 되지 않는다. 주 2회 팀장들과 실적과 현안 이슈에 대한 회의를 한다.

이런 상태가 지속되면 10명을 이끌고 갈 수 없는 상황이다. A 사장은 지금까지 평가를 하지 않았는데, 조심스럽게 직원 평가에 대해 물어본다.

평가 왜 하는가?

평가제도를 도입하여 얻고자 하는 것은 무엇인가? 최근 추세는 평가가 아닌 성과 관리에 관심이 많다. 지금까지 많은 기업들이 상대평가를 운영해 왔다. 평가 등급별 가중치에 의해 사람들을 평가하면서 전부 목표를 달성했음에도 불구하고 일부는 낮은 등급을 받을 수 밖에 없다. 반면 전원 목표 미달이고 회사가 적자가 났음에도 높은 등급을 받는 사람이 발생한다. 평가의 공정성과 투명성 이슈로 인해 평가무용론이 대두되는 추세이다. 물론 대기업은 조직 평가와 개인 평가를 연계하여 상대평가의 문제점을 해소하고 있거나, 절대평가를 도입하고 있다. 하지만, 평가 그 자체에 대한 불신감이 크기 때문에 조직과 구성원이 평가에 대해 부정적 시각이 크다.

회사는 조직과 구성원의 성장이 매우 중요하다. 목표를 수립하고 점검하고 피드백 하는 과정 속에서 잘하는 것은 강화하고, 부족한 것은 보완하여 일과 관계 역량을 배워 나가는 것이다. 또한, 회사가 지속적으로 성장하기 위해 성과(이익)의 창출은 기본이다. 도전적이고 계량적이며 의미 있는 목표를 설정하고 악착 같은 실행으로 새로운 가치를 창출하고 이익을 극대화해야 한다. 성장과 성과(이익) 창출은 인원이 많은 기업이나 인원이 적은 기업이나 무관하게 중요하다. CEO로서 평가를 할 것인가? 하지 않을 것인가?를 고민하기에 앞서 할 일이 있다. 어떻게 목표를 수립하고, 점검과 피드백 하며, 보다 높은 가치와 성과(이익)를 창출할 것인가를 고민해야 한다. 평가의 프로세스가 목표 설정과 조정, 점검과 피드백 면담을 통한 과정 관리, 기록에 의한 평가이다. 평가 제도의 틀에 묶일 것이 아니라 경영의 툴로서 평가를 바라봐야 한다.

10명 직원의 중소기업, 평가 어떻게 할 것인가?

평가를 통해 얻고자 하는 바는 성장과 성과창출이다. 하지만, 대부분 평가를 도입하고 운영하는 기업은 성장과 성과 창출은 뒷전이고 평가를 위한 평가를 추진한다. 결론적으로 조직장은 평가 때문에 힘들어한다. 이들은 "다들 열심히 했는데 누구는 좋은 점수와 등급, 누구는 낮은 점수와 등급을 부여해야 하는 자신이 너무 힘들다"고 한다. 이들에게 회사의 목표, 상사의 목표, 본인의 목표가 무엇이냐 물으면 모른다. 구성원을 1:1로 불러 업적과 역량에 대한 목표 대비 결과물, 잘한 점, 애로사항에 관해 기록에 근거해 이야기했냐 물으면 한 적이 없다. 목표와 과정 관리는 사라지고 연말 기억 속의 평가만 남아 있으니 본래의 목적은 사라지고 힘들고 피곤한 일로 전락한 것이다.

10명 미만의 중소기업도 평가는 해야만 한다. 평가가 보상과 승진 등 차별적 보상을 하기 위한 수단만이 아닌 조직과 구성원을 성장하게 하고, 회사가 지속적으로 나아가기 위해서 성과 창출을 하게 해야 한다. 이를 위해 목표 설정과 조정, 점검과 피드백 면담을 통한 과정 관리는 조직과 구성원 모두가 당연히 해야 할 필수적 직무이다. 중요한 것은 조직 규모의 크기, 임직원의 다소를 떠나 어떻게 잘하는가이다. 형식적으로 운영하는 것이 아닌 실제 성장이 되고 성과가 창출되도록 해야 한다. 일회성이 아닌 일관성과 지속성을 갖고 추진해야 한다.

소규모 인원의 중소기업 평가 설계와 운영 관련, 4가지 제안을 하고 싶다.

하나, 제대로 된 목표 설정이다. 사업 부서의 목표는 CEO가 직접 부여하고, 간접 부서의 목표는 조직장과 CEO가 협의하여 7개 정도의 실행 과제로 확정되도록 해야 한다. 실행 과제는 도전적, 계량적, 유의미한 내용으로 조직 목표와 연계하여 설정되어야 한다. 직원들의 목표는 팀장이 제시해야 한다. 팀원들의 성숙도가 낮은 면도 있지만, 팀장이 제시해야 제대로 된 목표가 수립된다.

둘, 발표, 점검과 피드백 면담을 통한 과정 관리이다. 팀별 인원이 많지 않기 때문에 팀원 전체가 모여 주단위로 자신의 목표 대비 업적과 역량, 잘한 점과 애로사항을 발표하여 공유하는 것이 가장 먼저이다. 이후, 팀장은 1:1 면담을 통해 심층적 점검과 피드백을 하여 성장과 성과창출을 하도록 이끌어야 한다.

셋, 평가 제도의 설계와 운영이다. 인원이 작기 때문에 상대 평가는 득보다 폐단이 크다. 조직 평가와 개인 평가를 연계하여 목표 중심의 절대평가를 실시하는 것이 바람직하다. 관대화 경향이 우려되고, 목표 설정과 관리 역량이 되지 않는다면, 조직 평가와 연계된 상대평가 방식을 가져가는 것도 고려할 만하다.

넷, 조직장에 대한 지도와 교육이다.

팀장들에 대한 지도를 대부분 CEO는 주간 회의를 통해 충분히 하고 있다고 생각한다. 팀장이 팀원들 대상으로 1:1 면담을 실시하고 성장과 성과를 이끌라고 하면서, 정작 본인은 팀장들에 대해 개별 면담이 없다. 위부터 솔선수범이 되어야 한다. 내부 역량이 되지 않으면 외부 전문가를 통해 최소한 분기별 리더십과 성과 관리 교육을 통해 자신만의 성과 관리 방법을 만들고 실천해 가야 한다.

면담 상황 11.
지리적으로 떨어진 직원, 어떻게 성과 관리할 것인가?

높은 팀 목표와 지역에 떨어져 있는 팀원의 성과 관리

영업 본부는 각 도의 도청 소재지에 있고, 본부는 지원팀과 영업팀으로 구성되어 있다. 영업팀장은 각 도의 군 단위 조직별 팀원들을 관리하며, 자신도 도의 핵심 거래처 영업을 해야만 한다. 코로나19 이후 대면 접촉의 어려움으로 매출과 영업이익이 절반 이상 급감하였으나, 최근 적극적 공격 영업으로 코로나 이전 수준으로 회복 중에 있다. 영업 담당자 모두 전년 대비 130% 이상의 매출과 영업이익을 올리고 있는 상황이다.

회사는 내년도 사업계획을 확정하였다. 매출은 금년 대비 180% 증가이며, 영업이익은 150%이다. 매출을 늘리는 활동뿐 아니라 강력한 내부 효율을 올리는 노력을 해야만 한다. 최근 3년 동안 회사는 긴축 경영을 하여 많은 인원이 구조조정 되었다. 꼭 필요한 비용 이외는 대부분 삭감되거나 폐지된 상태이다. 1달에 한 번은 회식을 할 수 있었으나 회의비는 절반 이상 줄었다. 교육 출장과 인력 충원은 전부 취소되고, 출장비도 전

장과 인력 충원은 전부 취소되고, 출장비도 전

부 실비 처리를 해야 하며, 교통비는 대중교통 이용 또는 자차는 기름값과 톨게이트비만 지원하는 상황이다.

팀장 입장에서 각 지역의 팀원들을 만나기도 어려운 상황에서, 자신도 핵심 거래처 대상의 180% 매출 확대와 150% 영업이익은 신규 거래처를 만들지 않고는 불가능했다.

팀장으로서 어떻게 내년도 사업 목표를 달성할 것인가?

목표와 과정 관리는 기본 중 기본이다

회사는 각 팀별 12월 말 전 팀원과 하루 종일 워크숍을 실시해 왔다. 코로나19 이전에는 각 팀의 연말 워크숍은 축제 분위기로 한 해 성과에 대한 감사와 축하의 송년 회식이었다. 하지만, 금번 워크숍은 회식할 비용도 없는 상황에서 작년 대비 130%를 했지만, 금년도 목표를 간신히 달성한 수준이었다. 감사와 축하가 아닌 내년도 목표인 180% 매출과 150% 영업이익이 부담이 될 수밖에 없다. 워크숍의 주제는 '내년도 목표 달성 방안'이었으나, 아무도 달성 방안에 대한 언급이 없다. 영업팀장은 두 목표에 대한 실행 계획으로 1시간을 주며 핵심 성공 요인 3가지, 월별 매출과 영업이익 추정치, 월별 역량 향상 계획을 작성해 전원 발표하라고 했다.

하지만, 영업 팀원들은 향상된 제품과 지원 제도가 없는 상태에서 지역과 고객을 유지하기도 어렵다고 불평이 많다. 기존 시장에 기존 제품을 판매하기 위해서는 새로운 전략과 방법을 찾아야 한다. 각 팀원들은 회사 목표가 주어진 상태에서 매월 매출과 영업이익의 숫자를 적어도 달성할 방법이 없으면 의미가 없다고 말한다. 팀장은 전 팀원과 함께 월별 매출과 영업이익을 올릴 수 있는 방안, 회사의 지원 사항을 모색하기로 했다. 미팅을 하면서 안 되는 이유는 가능한 말하지 않기로 했다. 팀원들과의 밤 늦은 시간까지 토론 결과, 지역별 제품 차별화, 인구 집중 지역에의 영업 집중, 대리점을 통한 렌탈 사업 추진, 본부의 온라인 영업을 추진하기로 했다. 또한, 영업 팀원에게 회사의 목표에 따라 지역별 세부 추진과제를 설정하고 월별 달성 금액을 작성하게 하였다. 마지막으로 본부의 지원 사항을 적게 했다.

팀장은 영업 목표 달성을 위해 2가지 그라운드 룰을 정했다.

첫째, 매월 마지막 금요일 2시부터 화상회의로 팀 성과 발표회를 실시한다.

성과발표회는 ① 목표 대비 월 업적 실적과 계획, 목표 이외의 월 실적 ② 역량 향상을 위해 노력한 결과 ③ 잘한 점 3가지 ④ 애로 및 건의 사항 1가지를 반드시 개별 발표하도록 했다.

둘째, 발표 후 개별 면담을 실시한다. 화상회의로 20분이며, 사전에 팀 게시판에 시간을 적도록 했다.

성과는 거리가 아닌 과정의 문제이다

성과 관리의 목적은 성과 창출과 육성이다. 회사가 지속적으로 성장하기 위해서는 성과(이익)가 창출되어야만 한다. 성과(이익)는 한순간에 창출되지 않는다. 조직과 구성원의 경쟁력 수준이 높아야 한다. 경쟁사에 비해 차별화된 경쟁력이 있어야 한다. 조직과 구성원의 역량 수준, 직무 전문성이 높아야 한다.

성과를 창출하기 위해 중요한 3요소는 목표, 과정 관리, 평가와 그 결과이다. 거리의 문제가 아니다. 성과 관리의 제도, IT 기반의 지원 시스템, 성과 관리를 이끄는 리더의 영향력이 매우 중요하다. 성과를 내기 위해서 리더는 최소 한 달에 한번 이상의 목표에 대한 점검과 피드백을 해야 한다. 아무리 멀리 거리가 떨어져 있어도 화상회의 등 현재의 IT 시스템이 지원해 준다. 성과가 나지 않고 구성원의 만족도가 낮은 것은 리더의 마음가짐과 실행의 차이가 가장 큰 영향을 준다.

1차, 2차 평가자 간의 평가 차가 크다면 무엇이 문제인가?

팀원의 평가 등급이 2등급 차이가 난다면?

A팀장은 팀원들의 평가 결과를 보고 당혹스럽다. 8명의 팀원 중 과장으로 있는 B팀원은 일 처리가 명확하고 주도적이다. 팀원들과 관계에서 추진력이 강해 조금은 강하게 이끄는 경향이 있지만, 타 팀원에 비해 업무 비중도 높고 배려하는 편이다. A팀장은 향후 팀장 후보로 B과장을 생각하고, 중요하고 난이도가 있는 일이 있으면 의도적으로 지시를 내렸다. B과장 위로 부장 1명과 차장 1명이 있지만, 역량이나 성과 면에서 B과장이 뛰어났다.

평가 과정에서 A팀장은 B과장을 가장 높은 점수와 등급을 부여했다. 하지만, 최종 평가권자인 본부장의 평가 점수는 60점이었고, 등급은 B-로 합산 점수는 79점으로 최종 보통 수준인 B등급이 되었다. 반면 자신의 일은 성실하게 수행하지만, 시키는 일만 하는 수준인 C차장을 가장 높은 점수를 부여해 A등급을 받게 되었다. C차장이 내년 부장 승급을 앞두고 있지만, 이해하기 어려운 결정이었다.

평가 결과가 팀원들에게 전달되었다. 좋은 결과를 예상했던 B과장은 실망이 큰 모습이었다. A팀장은 B과장에게 면담 일시를 정해 달라고 요청하고, 특별한 일 없으면 내일 10시에 1회의실에서 보자고 했다. B과장은 아무 응답 없이 지금까지 하지 않았던 정시 퇴근을 했다. 면담 중 B과장은 자신은 높은 목표를 설정하고 열정적으로 일에 임했는데, 평가 결과를 수용할 수 없다고 말한다. A팀장은 '본부장이 B과장에게 너무 낮은 점수를 부여했다', 'C차장이 내년 부장 승급 대상자이기 때문에 높은 점수를 받았다'는 말을 할 수가 없다. "B과장이 누구보다 열심히 했고 높은 성과를 낸 것을 알고 있다"고 말한 후 자신의 잘못이 크다고 했다.

A팀장이 잘못한 것은 무엇인가?

평소 상사와 소통이 무엇보다 중요하다

B팀장은 입사 때부터 자신이 당일 해야 할 일에 대해 정리하여 직속 상사에게 공유했다. 팀원으로 있을 때는 팀장과 같은 열린 공간에서 일했기 때문에 가볍게 할 일을 적은 쪽지와 설명을 할 수 있었다. 팀장은 특별한 일이 없으면 열심히 하라는 격려를 했고, 가끔 일의 우선순위를 바꾸거나, 과제의 진행 방법 또는 자료 제공과 전문가 소개 등의 도움을 주었다. 팀장이 되어 매일 본부장이 출근하면 바로 들어가 티타임을 가지면서 업무, 팀원, 주변 이야기 등을 함께 했다. 출장 시에는 항상 메일이나 문자를 통해 당일 해야 할 일을 공유했다. 적어도 한 달에

한 번은 팀원 전체의 업적과 역량에 관한 이야기를 나눴고, 팀원들의 특이 사항에 대해 정보를 공유했다.

A팀장은 자신에게 주어진 일을 완벽하게 처리하면 된다는 생각을 갖고 있다. 회의, 지시, 보고가 아니면 본부장을 만날 생각을 하지 않았다. 매주 주간 업무 실적과 계획 보고에 타 팀장에 비해 상세하게 한 일과 할 일에 대해 설명했다. 특별한 코멘트가 없으면 해야 할 일을 중심으로 팀원들과 매진했다. 팀원들이 결혼 또는 조사 발생 시, 직접 본부장에게 말씀드리라고 했다.

평가 주간이다. 1주일의 기간 내에 전사 평가를 끝내야 한다. 팀원의 경우, 1차 평가자는 팀장으로 대리 이하는 70%, 과장 이상은 60%의 비중으로 평가한다. 2차 평가자는 본부장으로 대리 이하는 30%, 과장 이상은 40%의 비중으로 평가하여 1, 2차 평가 결과를 합산하여 최종 점수와 등급이 결정된다. 회사는 철저한 상대평가로 1차 평가자부터 최대한 평가 등급별 가중치를 준수하도록 하고 있다.

A, B 팀장 모두 팀원에 대해 평가를 마쳤다. 본부장 평가가 끝나고 최종 등급을 확인한 결과, A팀장의 경우, 본인이 평가한 결과와 본부장 평가 결과가 적지 않은 차이를 보였다. B팀장의 경우는 팀장과 본부장의 평가 결과가 정확하게 일치하였다. 이유는 무엇이라고 생각하는가?

직장 생활을 하면서 평소에 잘하라고 한다.

내 일이니까 내가 최선을 다해 마무리하겠다는 팀원이 있다면 무슨 말을 할 것인가?

회사는 혼자 일을 수행하여 성과를 내는 곳이 아니다. 함께 일해야 한다. 함께 하는데 있어 가장 많은 소통을 하고, 공유하며 지원과 조언을 받는 사람이 상사이다. 상사의 철학과 원칙, 전략과 중점 과제를 명확하게 인지하고, 자신의 일을 일치시켜야 한다. 차이가 발생하면 상사에게 말하고 조정해야 한다.

일뿐이겠는가? 팀원에 대한 유지관리도 마찬가지이다. 팀원의 업적과 역량, 특이사항 등을 수시로 상사에게 이야기해야 한다. 최소한 한 달에 한 번은 팀원 전체에 대한 업적과 역량 결과를 상사에게 보고해야 한다. 이 과정에서 팀원에 대한 평가를 일치시키고 조언이나 지원 사항이 있다면 요청해 조치 받아야 한다. 팀원에 대한 인식의 차이가 없어야 한다. 향후 팀장이 될 팀원에 대해서는 공동으로 관심을 갖고 육성해야 한다. 팀장보다 나이가 많고 선배인 고집불통의 팀원의 경우, 면담이 쉽지 않으면 상사에게 요청하는 것도 한 방법이다.

팀장이라면 상사에게 팀원에 대한 생각과 평가가 일치하도록 평소 부단한 소통을 해야 한다.

S등급은 1명인데, 팀에 탁월한 성과를 낸 직원이 2명이라면…

탁월한 성과를 낸 2명의 직원

회사는 철저한 상대평가이다. 팀원의 경우, 1차평가는 팀장이 70%를 차지하고, 2차 평가는 본부장이 30%를 차지한다. 1, 2차 점수를 합하여 본부별 S등급 10%, A등급 20%, B등급 60%, C등급 10%이다. D등급이 있고, 별도 비중은 없으나 조직에 피해를 주는 자 또는 중징계를 받은 자에게 줄 수 있다. 본부의 과장 이상은 총 10명인데, 타 본부에 가면 무조건 S등급을 받을 수 있는 탁월한 성과를 낸 A과장과 B부장이 같은 팀에 있다. 부장의 업적이 조금 더 난이도가 높아 팀장은 부장에게 최고 점수를 주었으나, A과장도 타 직원에 비해 탁월한 성과를 창출했기 때문에 높은 점수를 부여했다. 본부장도 A과장이 성실하고 역량이 뛰어나며 높은 성과를 창출한 것을 잘 알고 있다. S등급은 1명이기 때문에 2명을 입력하면 평가 시스템이 운용되지 않는다. 결국 S등급 1명, A등급 2명을 입력했고, A과장은 A등급의 1순위로 평가를 완료했다.

팀장은 1차 평가를 마친 후 본부장을 찾아갔다. 이대로 결론이 나면 A과장이 실망할 모습에 본부장에게 현황을 이야기하고, 의견을 구했다. S등급이 1명인 상황에서 할 수 있는 방안은 그리 많지 않다. 여러분이라면 어떻게 조치하겠는가?

회사의 제도는 서운하지만,

나를 위해 노력해 주신 팀장님 감사합니다

팀장은 자리에 돌아가 A과장의 업적을 중심으로 공적서를 작성하였다. 공적서의 마지막은 A과장의 회사에 대한 마음가짐과 직무 역량에 대해 기술했다. 3장의 공적서를 작성 후, A과장을 불렀다. "A과장, 이것은 A과장의 공적서인데, 먼저 초안을 작성했다. A과장이 내용을 보완해 가져오라"고 했다. 30분도 되지 않아 감사하다고 하며 주는데 크게 수정한 내용은 없었다. 팀장은 A과장에게 5장으로 하되, 누가 봐도 잘 작성한 보고서라고 인정하게끔 만들어 가져오라고 재 지시를 내렸다. 3시간 후 A과장이 가져온 공적서는 체계적이고 깔끔하게 잘 작성되었다. 인사팀장에게 공적서를 보여 준 후, S등급을 달라는 요청이 아닌 최종 평가 위원회에서 S등급 추천을 해달라는 부탁을 했다. 인사팀장은 곤란하다고 한다. 본부장에게 도움을 요청하고, CEO 보고 시, 공적서를 가지고 들어가 간단한 상황 설명과 S등급 추천을 부탁했다.

마지막 평가 위원회에서 A과장은 S등급 추천자로 추천되었다. 하지만 여러 이유로 S등급은 받지는 못했다. 팀장은 A과장에게 서운하냐 물으니, "회사의 제도는 조금 서운하지만, 저를 위해 많은 노력을 해 준 팀장님께 감사드린다"고 말한다.

팀에 탁월한 성과를 낸 팀원이 2명이라면 어떻게 하겠는가?

평가를 실시하는 목적은 무엇인가? 궁극적으로는 성과 창출을 하는 것이다. 이를 위해 조직과 구성원의 역량을 강화해야 한다. 평가는 점검과 피드백 과정을 통해 조직과 구성원의 역량을 강화하고 높은 수준의 성과를 창출하는 수단이다. 절대 평가가 아닌 상대 평가가 대부분인 현실에서, 100개의 팀 중 1등을 했고, 전체 매출과 이익의 30%를 한 팀에서 달성했다. 이 팀의 팀원이 10명이라면, S등급은 몇 명 받아야 하는가? 팀장은 전체 1등으로 S등급을 받았지만, 팀원은 상대평가가 적용되어 1명만 S등급을 받는다면 어떻게 생각하는가? 팀의 2등이 타 팀의 1등보다 10배 넘는 성과를 냈지만, 제도 탓으로 S등급이 아닌 A등급을 받는다면 옳다고 하겠는가? 심각한 것은 이 일로 역량이 뛰어나고 업적이 뛰어난 직원들이 불만을 갖고 퇴직한다면 어떻게 하겠는가?

평가도 결국 사람이 만든 제도이다. 완벽할 수 없다. 상황에 따라 적용해야 한다. 탁월한 성과를 창출한 팀원이 있다면 그 성과를 인정받을 수 있도록 조치해야 한다. 여러 방법이 있다. 첫째, 회사가 상대평가라 해도, 조직 평가에 따라 개인 평가의 가중치를 연계하는 방법이다. 둘째, 일정 목표 이상 획기적 성과를 달성한 팀원에게는 절대 평가를 적용하는 것이다. 셋째, A등급자 중 탁월한 성과자를 S등급으로 추천해 평가 위원회에서 최종 검토하는 것이다. 넷째, S등급자에 대해서는 공적서를 작성하여 공적에 따라 별도 결정하는 것도 한 방법이다.

기업에서 '성과 있는 곳에 보상 있다'는 원칙은 지켜져야 한다. 높은 성과를 창출했지만, 낮은 성과 또는 적자를 낸 직원과 동등하게 보상한다면 이 조직은 어떻게 되겠는가? 지속 성장과 성과를 창출하기 위해서는 사업, 회사, 임직원의 특성을 감안하여, 더욱 높은 목표를 설정해 열정을 다하도록 하는 제도의 설계와 운영이 되어야 한다.

면담 상황 14.

팀원 면담 시, 절대 해서는 안 되는 이야기

A팀장의 면담

문제가 없는 사람은 그리 많지 않다. 자신의 문제 때문에 힘들어하기도 하지만, 문제를 가지고 있는 사람 때문에 주변 사람이 힘들어하기도 한다. 많은 사람들이 문제에 대해 해결하며, 그 해결 방법은 다르다. 누구는 혼자 술을 마시기도 하고, 격렬한 운동, 친한 사람과 대화, 여행, 시간이 해결해 준다는 심정으로 잊으려 하는 등 다양한 방법으로 해결한다.

A팀장의 문제는 말이 많다. 회사 내에서 쓸데없는 말을 해 갈등을 야기한 적이 많기 때문에 상사로부터 주의를 받고 한 번은 크게 질책을 받은 적도 있다. 본인이 주의한다고 하지만, 그 성격이 어디 가겠는가? A팀장은 매달 팀원들과 개별 면담을 하고 있다. 8명의 팀원을 면담하며 대원칙은 업적과 역량에 대해서만 이야기하고 주로 경청하겠다는 생각을 했다. 최대한 객관적으로 면담을 한다고 생각했지만, 특별히 친한 마당발인 S과장에게는 면담 시간을 활용하여 회사의 다양한 이슈에 대한 이야

기를 듣고 묻기도 한다. 면담을 하면서 A팀장은 S과장에게 자신의 힘든 점도 이야기하고, 팀원들에 대한 자신의 생각을 묻기도 한다. B대리가 요즘 업무에 집중하지 못하는 것 같은데 아는 것 있느냐? C부장이 팀에 부정적 영향을 주는 것 아니냐? 왜 다른 팀원은 S과장처럼 팀에 대한 헌신이 부족하냐? 등등 궁금했던 점에 대해 많은 말을 한다. 물론 월별 업적과 역량에 대한 점검과 피드백은 다른 팀원과 마찬가지로 진행한다.

월별 면담이 진행될수록 팀워크가 강화되고 팀 성과에 긍정적 효과가 나타나야 한다. 하지만, 팀원들이 갈수록 팀장과의 대화를 피하려 하고, 자신의 업적과 역량에 대한 실적과 계획에 대해 수동적 대답만 한다. 팀원 간의 대화가 현저하게 줄고, 공식 모임에서 발언을 자제한다. 회식을 한다고 해도 다들 부담스러워 한다. 면담에서 그 이유를 묻지만 아무도 이야기를 하지 않는다. 그럴수록 A팀장은 S과장에 이어 H대리에게도 팀원에 대한 많은 질문과 말을 한다.

회사에서 실시한 조직장에 대한 다면 진단에서 A팀장은 85명의 팀장 중 80등으로 최하위이다. A팀장은 억울하다. 자신은 다른 팀장들이 하지 않는 매월 면담을 하고 있는 등 열심히 한다고 했는데, 진단 결과를 수용할 수 없었다. 왜 이런 일이 발생한다고 생각하는가?

팀원 면담 시, 해서는 안 되는 이야기가 있다

주 또는 월별 실시하는 팀장과의 개별 면담을 좋아하는 팀원은 많지 않다. 뭔가 점검을 받는 느낌이다. 면담의 주도권이 본인이 아닌 팀장이며, 일방적으로 질문에 대답하고 잔소리를 듣는 자리이다. 도움되는 말도 없고, 면담이 끝나면 이런 면담 왜 하며, 안 했으면 하는 생각이 강하다.

면담을 진행하는 목적과 방법이 명확하고 효과적이지 않기 때문이다. 어떻게 면담을 해야 하는가? 굳이 설명할 필요가 없을 만큼 그 목적이나 방법은 다들 알고 있다. 하지만, 이를 실천하지 않기 때문에 면담무용론을 부르짖는다.

면담은 최소한 월 1회, 별도 장소에서 개별적으로 진행되어야 한다. 면담에서의 대화는 업적, 역량, 잘한 일, 애로사항이 중심이 되어야 한다. 면담에서 팀원이 많은 말을 하게 하고, 팀장은 핵심을 간결하고 명확하게 질문하면 된다. 마지막 3~5분 정도의 시간에 팀장은 개별 팀원에게 한 달 한 일에 대한 감사, 차월 중점 과제, 한 달간 관심 갖고 지켜본 것에 대한 피드백을 해주면 된다.

팀장이 면담을 할 때, 많은 유의사항이 있다. 첫 대화, 사전 준비, 면담 분위기, 점검 및 피드백 내용, 질문과 답변의 시간과 내용 등 면담이 상호 유익하고 신뢰를 쌓는 계기가 되도록 해야 한다. 팀장은 면담을 통해 팀원을 육성하는 좋은 수단이 되어야 한다.

면담을 하면서 팀장이 특히 유념해야 할 점이 있다. 바로 비교 갈등이다. 팀장은 면담하고 있는 팀원에 대해서만 이야기를 해야 한다. 타 팀원의 잘못하거나 잘하는 점을 면담하는 팀원에게 묻거나 듣게 해서는 곤란하다. "S과장이 우리 팀에 없으면 큰일이야. 다른 팀원들은 고민이 없어, S과장의 반만 따라가면 좋겠다" 등 칭찬도 비교가 되어서는 곤란하다. 면담하는 팀원이 했던 생각과 일에 대한 객관적인 사실 중심의 인정과 칭찬이 되어야 한다.

직장 생활을 하면서 모든 조직장들이 알아야 할 교훈이 있다. '아무리 직원과 친하다 하더라도, 조직장이 직원과 친한 것보다, 직원과 직원이 더 가깝고 친하다'는 사실이다. 무심코 던진 돌 하나에 연못의 개구리가 머리에 맞아 죽듯 생각없이 던진 타인에 대한 말이 듣는 직원과 대상이 되는 직원 모두에게 갈등이 되고 심한 경우 상처가 되기도 한다.

긍정의 힘

권선복

우리 마음에 긍정의 힘을 심는다면
힘겹고 고된 길 가더라도 두렵지 않습니다.

그 어떤 아픔과 절망이 밀려오더라도
긍정의 힘이 버팀목이 되어 줄 것입니다.

지금 당신에게 드리겠습니다.
열린 마음으로 받아들일 수 있는 긍정의 힘.
두 팔 활짝 벌려 받아주세요.

당신의 마음에 심어진 긍정의 힘이
행복에너지로 무럭무럭 자랄 것입니다.

조직관리자의 영원한 고민, 직원평가에 대한 새로운 시선

권선복(도서출판 행복에너지 대표이사)

여러 사람이 한 목표를 향해 협력하고 활동하는 조직이라면 '평가제도'는 반드시 존재합니다. 공정한 평가는 조직의 성장에 매우 중요하지만 많은 기업의 관리직에 있는 이들은 직원을 평가하는 것이 가장 어려운 일이라고 입을 모으곤 합니다.

그렇다면 어떻게 해야 조직에 유용하고 공정한 평가를 할수 있을까요? '직원에 대한 평가'라고 하면 단순히 칭찬이나 질책을 위한 수단이라고 생각하거나, 인사적 이득 혹은 불이익을 가리기 위한 수단 정도로 생각하기가 쉽습니다. 특히 이러한 관점이 보편화되면서 직원평가를 둘러싸고 조직 내의 갈등이 커지는 경우가 적지 않고, 이로 인해 조직의 성과관리 자체를 포기하는 경우도 보게 됩니다.

하지만 30여 년에 가까운 세월 동안 삼성그룹, GS칼텍스,

KT&G 등에서 조직의 인력 관리법을 연구하고 현장에서 다루어 온 홍석환 저자는 신간 『바보야! 평가가 아니라 성과관리야』를 통해 기업의 리더들이 앞장서서 직원평가제도를 '평가'가 아닌 '성과관리'의 관점에서 바라봐야 한다는 점을 강조합니다. 저자는 기업의 성과관리는 목표의 설정과 조정, 목표에 대한 철저한 과정 관리, 기록에 의한 공정하고 투명한 평가라는 세 가지 요소에 주력해야 한다고 말하는 한편, 또한 리더가 공개적인 기록에 의한 투명한 평가와 함께 직원과의 일대일 월별 면담을 원칙에 따라 충실하게 수행해야만 평가 결과에 따른 조직 내 갈등을 막을 수 있다는 것을 강조하고 있기도 합니다. 즉, 직원 간에 서열을 세워 이익과 불이익을 주는 것이 목적이 아니라, 뛰어난 직원에게는 더 많은 성과를 낼 수 있도록 지원하고, 부족한 직원에게는 부족한 부분을 성장시킬 수 있는 기회와 지원을 제공하면서 조직 전체의 성과를 증진시키는 것이 평가의 진정한 목적이라고 말하고 있는 것입니다.

이 책 『바보야! 평가가 아니라 성과관리야』는 홍석환 저자의 19번째 저서입니다. 사업과 연계하여 전략적 인사, CEO를 보완하는 전략적 파트너인 인사 담당자가 되어야 한다는 신념을 가지고 19권의 저서를 출간하고 연 100회 이상의 관련 강연을 진행하는 홍석환 저자의 '최소 50권까지는 저서를 출간하고 싶다'는 열정을 응원합니다.

'행복에너지'의 해피 대한민국 프로젝트!

<모교 책 보내기 운동> <군부대 책 보내기 운동>

한 권의 책은 한 사람의 인생을 바꾸는 힘을 가지고 있
습니다. 한 사람의 인생이 바뀌면 한 나라의 국운이 바
뀝니다. 그럼에도 불구하고 많은 학교의 도서관이 가난
하며 나라를 지키는 군인들은 사회와 단절되어 자기계
발을 하기 어렵습니다. 저희 행복에너지에서는 베스트
셀러와 각종 기관에서 우수도서로 선정된 도서를 중심
으로 <모교 책 보내기 운동>과 <군부대 책 보내기 운동>을
펼치고 있습니다. 책을 제공해 주시면 수요기관에서 감
사장과 함께 기부금 영수증을 받을 수 있어 좋은 일에
따르는 적절한 세액 공제의 혜택도 뒤따르게 됩니다.
대한민국의 미래, 젊은이들에게 좋은 책을 보내주십시
오. 독자 여러분의 자랑스러운 모교와 군부대에 보내진
한 권의 책은 더 크게 성장할 대한민국의 발판이 될 것
입니다.